AF219138

Rolf Friedrich Schuett

Oft verzeiht man, um straflos auszugehen

Kurze Digressionen

FSC
www.fsc.org

MIX

Papier aus ver-
antwortungsvollen
Quellen
Paper from
responsible sources

FSC® C105338

Rolf Friedrich Schuett

Oft verzeiht man, um straflos auszugehen

Kurze Digressionen

Books on Demand

Bibliographische Information Der Deutschen Bibliothek:
Die Deutsche Bibliothek verzeichnet diese Publikation
in der Deutschen Nationalbibliographie; detaillierte
bibliographische Daten sind im Internet abrufbar über
http:// dnb.ddb.de

Copyright © 2018 Rolf Friedrich Schuett

Herstellung und Verlag :
BoD – Books on Demand, Norderstedt

Gedruckt auf alterungsbeständigem Papier
(holz- und säurefrei)

Umschlaggestaltung : E. L. Schmidt

Printed in Germany

ISBN 978-3-7528-3927-2

INHALT

Für Elke

Allerlei Einerlei
(Wimps : *weakly interacting massive particles*)

Was einst wenigstens ein Ideal war,
ist heute nicht mal mehr Wirklichkeit.

Norbert Elias. Keiner reglementierter als der
Wilde, keiner enthemmter als der Zivilisierte.

Es steht nichts zwischen uns.
Es ist nichts zwischen uns.

Es gibt viel mehr Freizeit ohne Kultur
als Kultur ohne Freizeit.

Nicht nur im Sommer lebt Wellness-Schweiß
von fremdem Werkstattschweiß.

Wieviel Wohlstand für jeden
wäre der Super-GAU für alle?

Ist es herrlich oder dämlich, dass Damen nun
herrlich und Herren nur dämlich sein sollen?

Der voreilig totgesagte liebe Gott hat sich längst
weltweit unüberhörbar zurückgemeldet –
und erst seinen größten Totengräber Nietzsche
vor dessen Tod noch mit Wahnsinn geschlagen?

Manche Frau heute hat genau soviel Hässliches,
wie nötig ist, um eine *modern beauty* zu sein.

Kein Weib, kein Leib, kein Mann, kein Bonmot

Der Vorgesetzte steht zwischen dem
Vorsitzenden und den Zurückgesetzten.

Wer still in sich hineinhorcht,
hört nichts als das zuvielsagende Nichts.

Mein Stillleben : Im Stillen nur Lauteres
und Unlauterstes nur laut und offen!

Fast alle Menschen wollen Frieden, doch Gott
weiß es besser : Würden ohne drohende Kriege
die Hochzivilisationen ewigen Arbeitsfriedens
allen nicht allzu bald über den Kopf wachsen?

Der Krieg ist der Vater aller Dinge, also auch
des Geldes. Kriegskredite finanzieren ihn vor,
der mit größerer Kriegsbeute begleicht.

Kriege wird es immer geben, nicht weil wir so
dumm oder böse wären, sondern weil Zivilisa-
tionen sich in ausdiskutierte Ausweglosigkeiten
hochentwickeln, die nur durch vereinfachende
Kriege wieder verschwinden.

Niederste Lohn- und Dienstleistungssklaven
wurden wieder höchste Luxusartikel.

Der Krieg galt stets als göttliches Zuchtmittel
gegen himmelschreiende Völkerhybris.

Cogito, ergo abs(urd)um ac absurdumm.

Es gibt so viele frühvergreiste Kids wie jung-
geschminkte Alte. Sind es am Ende dieselben?

Die Chefsache steht soweit über der Sache
wie meine Ansichtssache darunter.

Digression : Ausschweifende Abschweifungen
als ent-, aus- und aufweichende Abweichungen.

Hagerste Gelehrte zeigen die Adipositas
des Bildungshungers.

Produzenten konsumieren Konsumenten,
Konsumenten produzieren Verpackungsmüll.

Psychologen stoßen bis zum Äußersten ins In-
nerste vor und finden dort nur Äußerlichkeiten.

Wenn vom Nervenarzt nicht anders verordnet,
nehme man täglich zwei Städte und drei Chef-
positionen ein.

Nichtstun tut auch nichts zur Ansichtssache.

Was sind nackte Tatsachen ohne maskierte
Entlarvungen und Entschleierungen?

Ist für Christen Gott auch nur ein Mensch?

Schweigen und Häuptlinge sind nie kehlkopflos

Bist du nichts geworden als ein Nichtraucher?

Tiefendimensionen sind Spiegeloberflächen.

Angst und Nutz schufen eher Glaube als Götter.

Kann mein gesunder Menschenverstand sich
mit deinem verständigen über vernünftige Irre?

Wer ein normaler Mensch werden will, schafft
es manchmal nur zum Psychiatrieprofessor.

Entweder dein Fernseher läuft oder du.

Theoretiker gelten als Handlanger der Praktiker,
diese für jene als handfeste Ideologen.

Antiquierte Ansichten steigen stetig im Wert.

Gib der Wahrheit bitte immer die Ehre, doch
nimm dem Ehrenwort nie die Halbwahrheit!

Istnichts ist zuweilen mehr als ein Habenichts.

Entweder schlägst du mich im Zorn
oder im Sport oder in beidem zugleich.

Meine Selbstliebe hasst deine.

Dass Praxis wichtiger sei als bloße Theorie,
ist eine bloße Theorie.

Ein Unfall ist oft ein Fall für und gegen sich.

Pragmatismus ist praktisch eine Theorie,
deren Werkzeug die Praxis ist, dass Theorien
lediglich Werkzeuge der Praxis seien.

Manche Frau entpuppt sich als bloßes Püppchen

Vorurteile sind oft Todesurteile. Wenige Denk-
prozesse könn(t)en viele Produktionsprozesse
und manche Gerichtsprozesse ersparen.

Freiheit wächst mit der Leinenlänge. Es gibt so
viele Vernünfte und Verstände wie Menschen.

Du willst die köstlich kostbare Welt erleben.
Warum nicht kostenlos meine?

Verstand hat kein Verständnis für Verstandenes
– und Vernunft vernimmt nichts Verhörtes.

Ich gehe unter freiem Himmel lieber
als unter allzu freien Leuten – unter.

Man wächst mit seinem Großhirn
und schrumpft mit seinen Großtaten.

Machen wir uns mal Gedanken,
ist dabei an Sorgen zu denken.

Man vertut seine Lebenszeit
mit Tätigkeiten, Untaten und Getue.

Es gibt Rektoren und Direktoren.
Der Rest sind direkte Indirektoren.

Stammbäume säumen Holzwege zum Ursprung.

Alles geht vorbei –
außer allem Vorbeigegangenen.

Abgebranntes Menschenkind scheut die Steuer
und brennt auf ein Eis im Sommer.

Kinder spielen Erwachsene, Erwachsene spielen
Jugendliche, und Schauspieler spielen Mimen.

Man will sich mit etwas abgeben,
um nichts abgeben zu müssen, doch man nimmt
uns lieber Waren und Aussagen als Lasten ab.

Wie werde ich Es und Überichs therapielos los?

Verhilft Demokratie nur kleinen Wichten
zur Mehrheit über große Bösewichte?

Frauen gebären und werden geboren,
Männer erzeugen und sind überzeugt.

Autos der gehobenen Klasse haben inzwischen
auch einen aufrechten Gang.

Kinder sind die Spielzeuge der Eltern,
Großeltern die Werkzeuge der Kindeskinder.

Ich bin für stummes nichtssagendes Schweigen,
das lieber beredet sein will, ohne den Mund
selbst aufzutun und sich damit aufzuheben.

Das wahre Licht der Vernunft konnte bisher
den Schein wahren, in keiner ungefälschten
Geldscheinwelt zu leben.

Theoretiker schalten, und Praktiker walten:
Jene erfassen, was diese nur anfassen.

Einst hatte man überlegen zu überstehen,
dass man übergangen wurde. Nun wird man
besser überflogen als überfahren.

Du sollst nicht töten,
sondern dich von Todfeinden töten lassen!?

Der Infarkt kommt von übler Herzensbildung.

Wer heute kein großes Geschäft hat, sucht
freischaffende Beschäftigungstherapeuten.

Ernstlich : Verstehen Sie keinen Mordsspaß?

Alle Menschen sind gleich
schlecht, aber auch im Bösesein.

Der Naturfreund sieht noch den Ast vor lauter
Zweigen, der Physiker vor lauter Elementarteilchen schon das Molekül nicht mehr.

Deutsch : Tarnkappe, Pickelhaube, Stahlhelm,
Zipfelmütze, Doktorhut, Narrenkappe, Toupet...

Niedergelassene Psychiater haben eigene Praxis
nur, wenn sie wenigstens halbe Irre sind.

Lautere Leute gehen mit dem Kehlkopf
durch die Wand und jeden Einwand.

Wir telefonieren noch gegeneinander.

Wie gehorcht, wer nichts ins Ohr fassen kann?

Tiere wählen gegen Zoologen oft Pseudonyme.

Geistiges wird geteilt, Materielles aufgeteilt.

Auf Freuds Couch liegen oft zugleich
mehr als zwei Seelen in einer Brust.

Rheuma macht einen Finger krumm,
ohne wirklich etwas zu tun.

Auch Gewissenhafte lassen sich gehen. In sich.

Linguistic turn? Kunst-, Schönheits-, Druck-
und Denkfehler sind für Philosophen gut
behandelbare Sprachfehler geworden.

Die Gedanken gehen dem Kopf meist eher aus
als die Haare.

Mancher Kopf ist aus demselben Holz
geschnitzt wie das Brett davor.

Pessimisten sind erst enttäuscht,
wenn man sie nicht enttäuscht.

Autos und Flieger entfernen sich rasend rasch
von allem Erlebenswerten und Sehenswürdigen.

Seit Kopernikus geht die Sonne nicht mehr
täglich auf, aber die Erde täglich drauf.

Wer stets zur Sache kommt, kommt nie zu sich,
doch wo käme man hin, ginge man nur in sich?

Unter Dummköpfen sind Kluge nur Naseweise.

Man springt lieber über sein Lebenslicht
als über meinen Schatten.

Eine Person mit *personality* nenn ich persönlich
Unperson non gratis.

Die Geistlichen sind weder Materialisten noch
Idealisten, sondern zu dumm, um armselig zu
sein, und zu reich, um geistreich zu sein.

Wenn der Schluss samt Entschluss mehr stimmt
als seine Prämissen, handelt es sich um Logik.

Übervölkerung? Menschenmangel gibt es reichlich, wo Unmenschenmangel fehlt.

Nicht alles, was gegen Widersprüche spricht, ist schon logisch, doch was für Widersprüche spricht, noch psychologisch.

Sexwellen und Flüchtlingswellen haben für kinderarme Patrioten dieselbe Wellenlänge.

Wenn du die verkleinerte Gesellschaft bist, ist die Masse noch kein großer Einzelgänger.

Der Dummkopf als Einzelkämpfer ist klüger denn das Genie als Herdentier.

Denker sind nur eine Idee ideenloser als Platon.

Wem du die Stirn auch bietest: Keiner kauft sie.

Nach dem Essen sollst du fressen
oder es ganz schnell vergessen.

Trinität ist in erster Linie zweitklassige Viel-
götterei, glauben einzig einfache Monotheisten.

Lässt Urbanisierung sich noch streichen? Bald
gibt es weniger Landstriche als Straßenstriche.

Vom Ableben anderer lässt sich besser leben
als vom eigenen Überleben.

Auge, Ohr und Mund sind Kopfsprünge ohne
Krankheitswert, doch nur *schwarze Löcher*
im Kopf sind Ursprünge im All.

Das Beste, was irgendein Killer trieb,
ist das Schlimmste, was Schiller nicht schrieb.

Kein einziges nichtswürdig nichtssagendes Sein
vernichtete Heideggers *nichtendes Nichts*.

Reiche Nichtsnutze nützen mehr als geistreiche
Habenichtse, Nichtstun tut mehr als Nichtssein.

Mein linkes Auge glotzt, mein Lieblingsauge
übersieht. Mein Lieblingsohr erhört, der andere
Lauscher gehorcht. Meine Rechte grabscht,
und die Linke greift immer daneben.

Im Einzelgänger steckt soviel Gesellschaft
wie der Einzelkämpfer in Massen.

Atheismus : Keiner für alle, alle gegen Keinen.

Ein Rat, in die Untat umgesetzt, wird Unrat.

Köpfe sind zum Überdenken – zu überdenken.
Augen sind zum Übersehen, Münder zum Über-
reden, Hände zum Überarbeiten, Füße zum
Übertreten …

Der erstbeste unter *Gutmenschen* ist schlechter
als der beste Mann, doch besser als Schlächter.

Verständigen Völker sich besser durch
Übersetzer oder bered(e)tes Schweigen?

Für Randständige sind eigene Zentren
zuständig. Die treffen sich nie.

Wer das letzte Wort behielt,
hat gut beredt schweigen.

Heidenangst vor Herren ist das Ende der *Furcht des HErrn* und der Anfang der Weltweisheit.

Wie gleich wenig dürften *Grüne* verbrauchen?

Bei Christen geht demokratischer Pluralismus schon bis zur göttlichen Dreifaltigkeit.

Auch wer ein Habenichts ist, hat doch sein Sein

Muss der Christ auch seinen Widersacher lieben oder nur seine nächsten Feinde?

Soziale Logik : Richtige An- und Abschlüsse.

Wer dich begnadigt, verurteilt deine Opfer.

Tierschutz: Ungequälte Tiere schmecken besser

Christliche Ur-Sprünge sind Risse im Grundriss
der Kirchen.

Das Haus des HErrn ist kein Hausmittel mehr
gegen lebensgefährliche Wissensbisse.

Nur Menschen sind hohe Tiere, die etwas
zu lachen haben, weil sie es lächerlich machen.

Brich nicht mit deinem Wort dein Schweigen
oder mit deinem Schweigen dein Wort!

Der Diener wird eher Herr als der Herr sein
Diener. Endgültiges hat etwas Gleichgültiges.

Justiz brummt oft eher Schuld auf als Strafe.

Geistesblitzen folgt selten
Donnergrollen der Leser.

Könnten wir etwas schaffen, das klüger ist
als wir, könnte es das selber noch schneller.
(Das wäre unsere letzte eigene Schöpfung.)

Kannst du die Froschperspektive eher aus der
Vogelperspektive betrachten oder umgekehrt?

Komplexes ist einfacher beschreibbar
als Einzelnes in all seinen Einzelheiten.

Aphorismen sind Maximen, welche die
wirklichen Maximen enthüllen hinter denen,
nach denen wir zu leben glauben und vorgeben.

Ganz auf dich selbst gestellt,
wirst du zerquetscht.

Kein von der Evolution ausgedachter Kopf
könnte sich selbst ausdenken, doch einen
klügeren Kopf als sich selber in kürzerer Zeit.

Die Aufklärung über alte Mythen war
vor allem ein Sieg von neuen Mythen.

Kreativität macht in Wochen etwas, wofür
Mutter Natur Jahrmillionen bräuchte, aber
auch kaputt, wofür sie Jahrmillionen brauchte.

Lampen haben Birnen ohne Rampenfieber
vorm Anmachen.

Alles tolerieren, um es ignorieren zu können?

Bittsteller und reichlich Magenbitter
sind des Reichen bitterstes Los.

Kinder? Der Mann heiratet nur noch die Frau
in ihm, die Frau nur noch den Mann in ihr.

Das Alter war einmal deren Kindheit
und ist heute die Pubertät der Toten.

Das früheste Geld war Kriegskredit,
mit größerer Kriegsbeute beglichen.

Nichts setzt man sich so ungern in den Kopf
wie Hirntumore und eigene Gedanken.

Lass dein Selbst los, weil es ein Wahn ist,
und nicht, um selbstlos zu werden!

Diamat : Adorno war von Benjamin geistig so
abhängig wie Benjamin materiell von Adorno.

Der Himmel auf Erden ist die Erde in der Hölle,
eher das Ende als das Ziel der Weltgeschichte.

Recht sichtet und richtet die Mittel und Wege,
Moral die Ziele und Zwecke.

Es gab stets mehr intellektuelles Proletariat
als proletarische Intellektuelle.

Sozialismus ist besser zum Bürgerschreck
als zur Prollpraxis.

Walter Benjamin stand den Rechten ferner
als den Roten näher.

Füg dem Affen nichts hinzu, um zu dir zu
kommen, zieh von dir was ab, um ein Baum
der Erkenntnis zu werden!

Sind Naturprodukte heute eher vermenschlichte
Dinge oder verding(lich)te Leute?

Wer den Fortschritt nicht hinter sich lässt,
ist zurückgeblieben.

Konnte Lenin nur siegen, weil er als Messias
auftrat, oder könnte der Messias nur siegen,
wenn er als ein Stalin aufträte?

Ein Wissenschaftler, der sich subventionieren
lässt, ist keiner : Handaufhalter als Handlanger.

Entfremdung macht mit Fremden vertrauter.

Bedient der Messias sich des Eroberers
oder dieser sich des Erlösers?

Fällt das Himmelreich den Opfern
von Weltreichgründern zufällig zu?

Unangreifbar wird erst, wer sich mit seinem
Gegner verbündet. (Auch Definition der Ehe)

Wer will ins Paradies der Werkuntätigen?
Hienieden gilt als höchste Utopie die Hölle.

Wer mich überstimmt, gibt mir nicht recht,
wer mich nicht überstimmt, nicht unrecht.

Mancher ist nur anwesend, wenn er fehlt,
und nur etwas abwesend, wenn er hier ist.

Verführte Eva durch Feigenblatt oder ihre Äpfel
zum Ackern für sie?

Die Vergangenheit ist auch nicht mehr, was sie
einmal als Zukunft war. Die Zukunft wird auch
nur sein, was sie als Vorvergangenheit war.

Wer nicht denken will oder kann, muss handeln.
Wer nicht handeln muss, hat wohl nachgedacht.

Alkohol konserviert auch die Sorgen.

Standbekannte Anti-Alkoholiker
sind wie anonyme Casanovas.

Ein Atheist wäre ein Mensch,
der (und den) GOtt nicht beneidet.

Selbstlosigkeit : ein Placebo für Nächstenliebe.

Konzentriert euch auf Zerstreuungen : Konzen-
trationsübungen sind die besten Zerstreuungen.

Du fliegst schon mit der Zeit,
wenn sie nicht mit dir geht.

Um- und Bremswegweiser bewegen die Weisen

Egozentriker sind auch Exzentriker,
die noch kein heliozentrisches Weltbild haben.

Wohltäter: Untätige, die ertappt werden wollen.

Taktlosigkeit: verlogenste Form der Ehrlichkeit.

Freie Abstimmung unter Debilen oder Mördern
kann auch Demokratie sein.

Kinder, die du nicht verhüten konntest, behütest
du zu Wunschkindern, die dich verwünschen.

Pferde und Steckenpferde werden bald wieder
wenige Autostärken (AS) haben.

Du solltest von der Welt soviel begreifen,
dass sie dich etwas begriffsstutziger macht.

Wer stets in der Verfassung ist, Verfasser einer
neuen Verfassung zu sein, ist kein Politiker.

Um ganz Vernunft anzunehmen, muss man
schon halb Herz, halb Verstand verlieren.

Wer nur Gesetze befolgt, die seine Feinde erließen, ist schwach. Wer nur Gesetze bricht, die seine Freunde erließen, ist naiv.

Wer fromm ins Grab steigt, fällt ins Himmelbett

Wie ein gutes Gewissen die unnatürlichsten Dinge anhimmelt, nennt man himmlisch.

Am Anfang weißt du alles weil gar nichts, am Ende bist du dir bewusst, nicht gewiss zu sein.

Einst waren Kirchen noch Volkshochschulen. Das ist heute selbst säkularisierten zu weltlich.

Wer Quantentheorien versteht, muss wenigstens allgemeine Relativitätstheorien nicht kapieren, um aus dem Leben nicht zu klug zu werden.

Der beste Umweltschützer ist der Konsum-
muffel, also Antikapitalist plus Antisozialist.

Wenn der Lohn sich nicht lohnt,
wird die Arbeit rentabel.

Um mir meine fast 80 Jahre selbst zu glauben,
müsste ich wenigstens 100 Jahre alt werden.

Jugendtorheit, Herzensbildung, Altersweisheit:
das einzige Wissen ohne Universitätsgrad.

Gute Eheleute sind geschieden
durch gemeinsame Desinteressen.

Inzwischen sind auch Dummköpfe hoch-
intelligent, ohne aufzuhören, blöd zu sein.

Aphorismen widerlegen kann man schon
mit ganzen Halbwahrheiten.

Arbeite nur in der Freizeit, handle als Arbeits-
loser und denke ans Gedankenlesen!

Zu viele fürchten und hassen die Muße wie die
Arbeit und das Handeln. Sie schlagen die Zeit
damit tot, mal dies, mal das nicht zu tun.

Kommunisten sind die besseren Antisozialisten
und Sozialisten die besten Antikommunisten.

Ich komme meinen Vergnügungen nach
und gehe meiner Arbeit vor.

Arbeit hat den Vorteil, vom Handeln, und Handeln den Nachteil, vom Nachdenken abzuhalten

Von Denken profiziert man mehr als von Profit.

Feigheit muss keine Sachkompetenz sein.

Die *verwaltete Welt* : anarchistische Pedanterie.

Wer lieber mit Ungeliebten schläft, als von
Geliebten Kinder zu bekommen, wird gehasst.

Ich sehe dich, wie du dich in mir siehst,
und sehe mich in dir – mich sehen.

Drohender Fortschritt lässt sich nur noch
mit unverschämtem Klumpfuß verzögern.

Räuber, die arm bleiben, heißen Verbrecher.

Wer Kritikern nicht das Leben nehmen will,
muss ihnen Geld geben.

Die Welt hat ihnen nie Ja oder Nein gesagt:
Freche wie Schüchterne haben sie nie gefragt.

Auch jüngste Computer können noch nicht
bis Zwei zählen, kennen aber zwischen Null
und Eins schon ein Unentschieden.

Analphabeten sind Herzensgebildete,
die Bestseller lesen.

Individualisten, führt die Gesellschaft
durch eure Anpassung ad absurdum!

Der Eine Gott gibt überall den Ton an,
nicht die Eintönigkeit.

Analphabeten und Diktatoren kennen die Pest,
die durch Leseratten übertragen wird.

Verfolge deine Interessen,
bis sie dich geschnappt haben!

Wahr sagt auch, wer Unverständliches sagt
von unverständlicher Welt.

Ein Buch, genauso dumm wie sein Thema,
sagt auch die Wahrheit?

Ist das *Buch der Natur* ein Physiklehrbuch,
das *Buch des Lebens* ein Biologiehandbuch?

Das Design nichtet das Seiende im Ganzen.
Seyn : Designsvergessenheit der Vorsokratiker.

Ich bin gern der einzige Massenmensch
unter lauter Individualisten.

Für Organspenden kommt es nur an
auf die inneren Werte ohne Krankheitswert.

Kunst ist auch der Versuch, die Sterblichkeit
ins Jenseits zu verschleppen.

Biologie gilt als Wissenschaft,
Lebenskunst als Herzensbildung.

Der Arbeitsfriede besteht aus Produktionsschlachten, ein Kriegsschauplatz aus Friedhöfen

Weisheit ist der Witz, Wissen als Aberglaube
schmackhaft zu machen.

Wer mich nie zusammen mit mir selbst antrifft,
hält mich für zwei verschiedene Personen.

Kein guter Gedanke bleibt unwiderlegt,
kein falscher unwiderleglich unbewiesen.

Ich bezweifle, dass es Gutmenschen gibt.
Es müsste sonst auch gute Menschen geben.

Weltanschauung, Weltanbauung. Muss der
Klügste sein, wer immer der Dumme ist?

Ehen verheiraten Feuer und Wasser,
um uns zu verdampfen oder Dampf zu machen.

Die Genitalien stehen einander heute
nicht näher als die Generationen.

Experiment : Versuch mit akademischem Grad.

Es gibt auch im Westen noch Großfamilien:
Eheleute mit vielen Geliebten.

Ehen waren immer die Realisierung
einer idealen platonischen Liebe.

Verbau dir nicht mit Plänen die Vergangenheit
und mit Turmbau von Babel den Satzbau!

Lieb dich und betrüg dich mit dir oder anderen!

Verfassung : Summe legaler Gesetzesverstöße.

Schön ist nur Angst, die man erregt.

Ich will nicht so tief denken können wie Platon. Ich habe höhere Ambitionen.

Phantasie brauchen Leute, um sich und einander als Unmenschen, nicht als Affen zu erkennen.

Jedes Geschlecht gibt Erfolge beim anderen Geschlecht nur beim eigenen Geschlecht an.

Älteste Leute hören stets Neuigkeiten, jüngste immer nur Uraltes.

Brecht. Die Wahrheit ist komplex, und das konkrete Denken verfehlt sie. Das Denken ist abstrakt, und einfache Wahrheit verfälscht es.

Als gut gesagt gilt, was zur Ausrede taugt.

Wenn man von Gegnern wenigstens noch
einen Kopf fordern würde statt Holz!

Werde der, den du nicht bekommen kannst,
und kriege, was du nicht werden kannst!

Sinnlichkeit und Besinnung beweisen einander
gern, ziemlich sinnlos zu sein.

Eltern und Kinder schützen sich voreinander
durch Erziehungs- und Entziehungskuren.

Wärst du nicht egoistisch,
könnte dein Feind dein bestes Vorbild sein.

Glück fürchtet Pech, Pech fürchtet Glück, doch
zum Glück flieht Ruhe sich selbst wie Unruhe.

Weltgeschichte ist Kampf zwischen Geltungs-, Entgeltungs- und Vergeltungsbedürfnis.

Es ist keine bloße Tatsache, welche nackten Tatsachen man tatsächlich anerkennen müsste.

Es ist das Schlechte am guten Gewissen, dass es nicht bissig ist, und ein schlechtes beißt andere.

Sozialphysik : Die da oben kennen keine, die hier unten nur Schwerkraft.

Wer nicht auch einen Stalin lieben könnte, kennt wahre Liebe nur vom Hörensagen.

Die Oberschicht ist der bedrohte Mittelstand zwischen Himmelreich und Unterklasse.

Wissenschaft : Je mehr die Menschheit weiß,
desto weniger ich.

Die Unterschicht kommt eher in den Himmel
als in die Oberschicht darunter, die Oberschicht
eher in die Hölle als in den Mittelstand darüber.

Vergeht die Zeit auch, wenn sonst gar nichts?

Raum : eins hinterm andern. *Zeit* : eins nach
dem andern. *Kausalität* : eins durchs andere.
Masse : eins zum andern. *Liebe*: eins im andern.

Zeit ist Geld : Man hat beides nicht,
weil's einem zu schnell davonläuft.

Woher soll man all die Zeit nehmen,
um kein Geld mehr zu haben, und umgekehrt?

Sollen Kinder so werden wie du (willst),
erziehe sie zum Gegenteil.

Den Alten rast die Zeit wie ein Kind, jugendlicher Ungeduld schleppt sie sich wie ein Opa.

Es begab sich. Er benimmt sich. Es ergibt sich.
Sie gibt sich. Sie vergibt ihm. Das gibt sich.

Gute Kinderstube maskiert
großen Egoismus am besten.

Sex ist Hauptbestandteil von Askese
und ein friedlicher Rest Unzufriedenheit
das Geheimnis jeder Befriedigung.

Alle Menschen sind gleich vorm Affen.

Genuß ohne Reue gibt es erst
nach Almosenverteilungen.

Nur Fortschritte machen keine,
nur Ruhestand macht welche.

Konkrete Fragen sind indiskrete Antworten
auf diskrete Antworten.

Gewissensbisse ersetzen keine bissigen Wach-
hunde und sanierten Gebisse.

Hinter falschem Schein liegt kein wahres Sein,
sondern die wahre Scheinwelt.

Wäre ich schlechter, käme ich in die Hölle,
wäre ich besser, in den Himmel. Ich gehöre
ewig hierher.

Himmelsqualen und höllische Freuden
sind für ehrliche Masochisten.

Wer den Kopf hochkriegt,
darf den Hintern sitzen lassen.

Auch das Himmelreich ist schon unter Reichen
aufgeteilt. Für Geistreiche bleiben Geisterreiche

Sie sucht einen Gattinsucher, er sucht eine
Gattensucherin; sie finden eine Heimsuchung.

Zum Heiraten gehören zwei : eine Frau, ein
Standesbeamter und eine Null von Mann?

Nur Mieter können durch Besitzer völlig
aus dem Häuschen geraten, nicht Besetzer.

Bevor man die Augen schließen muss,
sollte man eins immer offenhalten und eins
zur Übung immer wieder zudrücken.

Eine Komödie ist eine Tragödie, wo der Held
heiraten soll, statt sterben zu dürfen. Eine Tragödie ist eine Komödie, wo der Held den Opfer-
tod sterben kann, statt heiraten zu müssen.

Das Kind im Manne sucht keine Frau,
um geboren zu werden, das Weib im Manne
keinen Kerl, um es zu zeugen.

Das eigene Ich existiert gar nicht.
Wäre es sonst so eingebildet?

Die einen Politiker wählen, haben sich
verschworen, ihm zu folgen, wenn er ihre
Interessen erfolgreich verfolgt statt sie selbst.

Lieber ein glückloseres Weiterleben
als ein *happy end*!

Was für Bomben könnten da noch kommen,
wenn Physiker erst Gott entdecken und spalten!

Ist Gott ein *one-book-writer*,
ist Satan der Co-Autor unserer Bücher.

Der Ewige sieht alles, kann auch alles –
übersehen. Wir können nur an- und aussehen.

Gentrifizierter Gentleman, wasch mir
die Hände, die du dir schmutzig machst!

War das *Goldene Zeitalter* nur die gute alte Zeit
der Goldsucher nach betongoldenen Worten?

Der Christ glaubt Jesus, aber an Gott.

Gott gibt Es nicht? Er gibt sich und nicht vor
und nicht nach. Glaube dem Einen,
da du zu wissen glaubst, da ist nichts!

Um nur an Gott glauben zu können,
glaubt mancher nicht an den Teufel.

Hier sind gute Menschen, bessert sie!

Gute brauchen kein Gesetz, Böse brechen es.
Wozu ist es gut?

Das Geschlecht hat so wenig Genie wie
Individualität. Vom Affen ging es zum genialen
Affen, vom Menschen nie zum Genie.

Träumer schließen von keinem auf alle,
Kenner von allen auf keinen.

(Sehn-)Sucht : übertriebener Trieb.
Amor : durchtriebener Trieb.
Abstinenz : vertriebener Trieb.
Mönch : ausgetriebener Trieb.
Bordell : betriebener Trieb.
Viagra : angetriebener Trieb.
Kind : abgetriebener Trieb.

Die Mode enthüllt, was uns bekleidet,
verkleidet, entkleidet oder nur kleidet.

Geschlechter kommen *nacheinander*,
auch wenn sie gleichzeitig *kommen*.

Emanzipation heißt : *Transgenders* richten
die Geschlechter (neben- und nacheinander).

Wittgenstein : Worüber man nicht reden kann,
das kann man nicht denken, also noch vertun.

Kommt nun der Lebenslauf zum Stillstand,
nimmt der Ruhestand seinen Dauerlauf.

Die Schwerfertigen sind die Leichtfälligen,
nicht die Dickfelligen.

Wer Geschichte macht, schreibt gern
Lebensgeschichte und wird ihr Opfer.

Astronomie : Chaoten betrachten den Kosmos,
Kosmetiker das Chaos.

Gedanken- und gefühllose Gefühlstüchtigkeit
zählt nun zur Kredit- und Gesellschaftsfähigkeit

Infarkt bekommt, wem nie das Herz gebrochen.

Nur Gruppenegoismus mahnt Solidarität an.

Egoisten schützen andere nur vor anderen.

Wie geht es vom Elementarteilchen zum Sein?

In dubio pro Test, Protest, Profil et Prosit!

Erfinde dich neu,
in der Masse erkennst du dich nicht wieder.

Man stirbt nur zu früh,
wenn man seinen Feind nicht überlebt.

Jeder lebt länger,
nimmt er sich fürs Leben die Zeit anderer.

Wir leben in der selben Zeit, doch manche
nehmen sich nur die Zeit, die andere haben.

Dampf ist die Symbiose von Feuer und Wasser,
doch antibiotische Mittel helfen kaum
gegen symbiotische Verklumpungen.

Je weniger Sorge, desto mehr Sorgfalt.

Von Weltall, Evolution und Weltgeschichte ist
bisher nicht viel mehr als die Kritiken bekannt.

Die menschliche Gesellschaft ist einfach
ein verdammter Mensch über dem andern.

Das Leben ist zu schön, um schöner zu tun,
aber nicht zu hoch, um tiefer nachzudenken.

Die schlimmsten theoretischen Rätsel und
praktischen Probleme haben zu viele Lösungen,
und keine Losung, kein Erlös erlöst von ihnen.

Ein Abgrund gähnt so lange vor Langeweile,
bis er interessante Opfer verschlingt, danach
vor Müdigkeit.

Viele langweilen sich dabei,
einander nicht langweilen zu dürfen.

Wer zuviel aus dem Leben oder fremdem
Innenleben gegriffen hat, wird bald ergriffen.

Verdauung : produktiver Konsum.

Unter der Erdoberfläche liegen mehr
oberflächliche als tiefe Geister.

Wer seine schlechten Seiten nicht mehr unter-
drücken will, schreibt ein schlechtes Buch.

Der Teufel ist nie so arm, dass er sich
(aus)schlachten ließe wie ein armes Schwein.

Es gibt Theorien, die die Realität wiedergeben,
und widersprechende, die in die Praxis umgesetzt werden sollen. Welche sind wahrer?

Führen Völker befriedigende Kriege,
sind ihre Anführer mit sich im Frieden.

Der Krieg ist auch der Vater aller Waisenkinder

Begeht ein guter Richter selbst die Untaten,
bevor er sie bei anderen verurteilt?

Richter sind Kritiker, die nur durch Fehlurteile
berühmt werden können.

Arbeitsfriede gewinnt Produktionsschlachten,
Geschlechterkrieg verliert nur Seelenfrieden.

Hohler Kopf und schwaches Herz reden uns
nach demselben Munde denselben Unsinn.

Zukunft hat einer mit einer Vergangenheit,
nicht mit zwei Halbvergangenheiten.

Die besten Theorien geben die Realität wieder,
weil sie nicht praktikabel sind, und umgekehrt.

Glaube macht aus deinem Tod deine Jugend.

Man kann sich mit vielen Leuten verständigen,
außer mit Kommunikationscoaches.

Wer sich nicht zu ernst nimmt, macht nur Spaß.

Deine Wünsche sind Umwege der Vorsehung,
dir zu zeigen, was dir schadet.

Irre heilen heißt, ihre fixen Ideen
durch die des Psychiaters zu ersetzen.

Finster wird es erst, wo man Licht hineinbringt.

Muss ein *sacrificium intellectus* dumm sein?

Seine eigene Kleinheit zu gestehen,
vergrößert nicht mehr als ein Schuhabsatz.

Manche Tatsachen stecken nicht mal nackt
in ihren Verschleierungen.

Die Oberklasse ist klasse, die Unterschicht Geschichte, der Mittelstand im Mittel unbeständig.

Frauenzimmer dienten einst der Beiwohnung,
gebären aber keine Kinderzimmer.

Mit Besitzern kommt und geht man um,
mit Besetzern springt man um.

Alle wissen, wie man mit Frauen (Männern)
umgeht, außer Ehemänner (Ehefrauen).

Kinder respektieren nicht einmal mehr den elterlichen Respekt vor ihrer Respektlosigkeit.

Unterdrück dich, und du überholst mich, unterdrück mich, und du übertriffst dich!

Das Kind gehorchte der Mama, sie dem Papa, der dem Chef und dieser seinem Kinde, einst.

Viele tun, um zu haben, andere haben zu tun.

Man gewinnt für sich Leute und dann ihr Geld.

Kitsch für viele finanziert Kunst for the few.

Was halten zurückhaltende Menschen zurück?

Dein Hund pariert dir und repariert dich so.

Wer ein bisschen aufs Ganze geht,
ist noch in keinem bisschen ganz bewandert.

Ist Aktionsinteresse Interaktion, Internationalis-
mus im Nationalinteresse und interdisziplinäre
Forschung die forsche Kerndisziplin?

Antworten auf Fragen nur Abstimmungen,
stimmt bestimmt nichts – als das Überstimmte.

Elfenbeinturmbau ist das Heilmittel,
für dessen Indikation es Macher halten.

Kapitalist und Antikapitalist, vereinigt euch
bloß nicht!

Das Kind im Manne bleibt ungeborener
als der Haupt- und Hampelmann im Weibe.

Theologie heißt : Das All kennt noch Rätsel für
jede Lösung einer mathematischen Gleichung.

Männlichkeit : Hosenträger tragen keine mehr.

Wer Affen nachäfft, will Darwin widerlegen.

Kann man Menschenverstand davon heilen,
sich für gesund zu halten, indem man ihn
konfrontiert mit Urunsachverstand?

Wen Selbstbewunderung verwundert, ist ohne
Selbsterkenntnis, und wer bewundert, wie er
sich verwundern kann, noch kein Philosoph.

Treu ist man meist nur Treulosem.

Mancher ist ein Problem, das Probleme hat,
ohne sich und sie zu problematisieren.

Weiß auch das All sich erst verstanden,
wenn Astronomen es verwundert bewundern?

Männer und Frauen halten einander für dumm,
doch auch Curies und Einsteins für langweilig.

Kerle, die Brüste anstarren, heißen Kindsköpfe.
Der Rest sucht im Weib das Nichts für sein Sein

Wer Tiere liebt, hasst Menschen, wer Menschen
liebt, liebt weder Mann noch Weib noch Kind,
und wer sich selbst nicht mag, liebt alles sonst.

Man reagiert auf Reaktionäre nicht,
indem man agiert und giert wie Aktionäre.

Die Welt nimmt nicht wahr, aber macht wahr,
wie man sie wahrnimmt.

Es gibt Austragungsorte für Babys
und für Spiele, also nur für Kindisches.

Wähnt man die Welt so, wie sie sich beobachtet
oder unbeobachtet wähnt?

Das Leben ist nicht immer einfach,
aber einfach so, wie es ist, auch nicht.

Der Sadist quält Masochisten,
indem er sie nicht quält.

Es darf nicht auch noch Leben bleiben in den
Büchern, die in meinem Leben bleibend sind.

Selbsterkenntnis ist, wenn du das Wahre selbst
bist. Ob du sie hast, erkennst du nicht selbst.

Lux est Luxus noctis. Du siehst blendend aus.
Wie eine in die Sonne gerichtete Taschenlampe.

Jedes Problem ist die Lösung eines anderen,
doch guter Rat noch rätselhafter als teuer.

Gedanken sind für Denker immer gut
und Romane für Romane realistisch,

Geteiltes Wissen ist halbe Macht und
doppelte Schuld geteiltes Gewissen.

Treibt das Leben wie in Romanen und schreibt
Romane wie im Leben, mit verhüteten Kindern?

Lieben heißt einander verkennen
und zueinander sich so bekennen.

Starke Sinnlichkeit wird Schwachsinn
und Scharfsinn schnell stumpfsinnlich.

Betrogene Liebe geht
durch den verdorbenen Magen.

Muss die Chemie zwischen uns stimmen,
wird die Liebe zum Bunsenbrenner.

Wer keine Wahl hat, liebt einen Menschen
oder hasst einen Diktator, also oft beides ineins.

Im Ehepartner wird heute weniger eine Liebes-
freude als ein lieber Dr. Freud gesucht,
der das Bett zur Couch macht.

Wer über seine Verhältnisse lebt, überlebt meist
den, der nur seine Verhältnisse überlebt.

Die Republik publiziert nur noch publicity
für geneigtes Publikum.

Diktatur beginnt mit dem Verbrechen,
das allen Verbrechen ein Ende setzt.

Schnallen dicke Reiche ihre Gürtel
statt die Gürtel der dünnen Armen enger?

Lachen ist, wenn man trotzdem Tränen vergießt

Gesellschaft, die in Arbeitslose mit und ohne
Geld zerfällt, hat einen Chef oder viele Roboter.

Die neue liberale Gesellschaft reißt lieber
Gräben zwischen uns auf als Gräber.

Traut man eher dem, der sich mißtraut,
als dem, der sich nicht traut?

Heraklit : Krieg mag der Vater aller Dinge sein,
doch Polemik ist die Mutter aller Papierkriege.

Ein Rastplatz im Schatten ist besser
als jeder Arbeitsplatz an der Sonne.

Fantasy : Phantasie ohne Sinn und Verstand,
als sinnliche Realität verstanden.

Alle romantischen Wege führten zur CD-ROM.

Gut sind nicht einmal Ehen zwischen
Hausmännern und misogynen Frauen.

Misanthropen lieben sich und einander nicht.

Ruhestand mit Stillstand geht immer weit genug

Wer den Bremsweg des größten Widerstands
gegen das feinere Übel wählt, wirft sich auch
hinter jeden Leichenwagen.

Bin ich nun so gezeugt oder davon überzeugt?

Der Pessimist hält schon A nicht ganz für A.

Der *Garten Eden* ist eine menschenleere
Landschaft ohne Landwirtschaft.

War Ödipus ein Vaterlandsverräter mit Mutter-
sprache? Weil ein Geborenes einen Vater hat,
muss ein Nationalist noch kein Patriot sein.

Auch Selbstmörder werden nur getötet
und von Chemie zum Freitod gezwungen.

Letzte machen aus ihrem Leben das Erstbeste.

Hegel : „Freiheit ist Einsicht in die Notwendig-
keit", dass andere gehorchen.

Mancher ist zu reichlich böse,
um ein armer Teufel zu werden.

Der Enkel tut mehr für seine Großeltern
als die Nachwelt für ihre Künstler.

Eltern behalten nur Schwiegertöchter und
Schwiegersöhne, diese nur Schwiegereltern.

Wollen freie Frauen, um an ihren Müttern
die Väter zu rächen, Männer beseitigen,
die laut Freud ihre Väter beseitigen wollen?

Mut ist oft nur die Feigheit, sie zu bekennen.

Wie lange ein Leben nach seinem Ende noch
(sich voll)endet, macht es auch nicht unsterblich

Ein Toter gibt nicht einmal Eintönigkeit von
sich, doch Sexappeal ruft zum Drecksappell.

Moral ist das unsichtbare Folterinstrument,
unter dem man nichts gesteht.

Guter Wille? Je besser für die Villen,
desto böser für den Willen.

Mode ist die gerade herrschende Religion des
Leibes, Religion die bedienende Seelenmode.

Der Mensch ist noch klüger, als er ist, weil er
noch dümmer ist, als er ist, und umgekehrt.

Freud sah in uns allen vor allem Abfall − von
Gottvater wie für Triebabfuhr und Recycling.

Mensch : als Affe verkleideter Schweinehund
im Streichelzoo.

Welches Licht beleuchtet ein anderes?

Wie der Choral, so die Mm-oral.

Mode verkleidet alles an uns, außer Hohlköpfe.

Wer weit und viel in sich geht,
fürchtet vielleicht die Außenwelt.

Frage : Fehleinschätzung des Antwortschatzes?

Schwangerschaft ist das Vorspiel
für Vaterschaft(sklagen).

Freiheit für alle erzeugt erstmal mehr Abfall.

Hielt Gottvater sich himmlische Haustiere,
Eva als Katze und Adam als armen Hund?

Welcher Autor hütet den Wortschatz
vor seinen Büchern und Kollegen?

Steht ein Gedicht, wo Wein in der Tinte sitzt?

Die Natur zwingt dich, das zu sein, was du sein
willst, oder das sein zu wollen, was du nie bist.

Ist der Denker von morgen ein Händler
oder Unterhändler von übermorgen?

Wer was zu tun hat, hat nichts zu sagen,
wer was zu sagen hat, muss nicht schreiben,
und wer nichts ausdenken kann, soll einfühlen.

Man schämt sich nur noch seiner Schamröte.

Wahrheit : Das erblickte Licht der Welt
erleuchtet das Licht der Vernunft.

Ein Buch veröffentlichen heißt, man bietet
sein eigen Kind öffentlich allen Pädophilen an.

Wer? Er? Ein **R** ist wie ein Autor ohne Auto.

Welche Bücher suchen nur Korrekturleser?

Wer nichts tun kann, schreibt; wer nicht schreiben kann, muss arbeiten. Sonst denkt er noch.

Worauf´s mir ankommt : was mich nix angeht.

Obduktion ergab, dass er sie zu Tode langweilte

Lieber gar nix als tot. Zum Glück ist Reichtum
nur äußerlich, sonst wär ich ja ein leeres Nichts.

Mehr Schmiergeld als Falschgeld regiert
die Unterwelt, und Zeitwäsche ist Geldwäsche.

Ein schwach(sinnig)er Gedanke schafft es
vom Buch nur in Hand und Fuß, nicht in Köpfe.

Nächstenliebe hat den Feind zum Fressen lieb.

Die Religion hindert die Armen nicht mehr,
die Reichen um ihr Geld und Leben zu bringen,
doch die Gottverlassenheit hilft dem Reichen,
den Armen um seinen starken Arm zu bringen.

Die häufigste politische Aktion
ist die Großreaktion der Großreaktionäre.

Kater und Kinder heißen Vergnügungssteuern.

Tage werden länger oder Nächte,
nie die Aphorismen und mein Leben.

Bei Leuten von Geist spukt es im Kopf, doch
nur im Schloß herrscht Geistesverwirrung.

Die Religion des Mammon hat sich von ihren
Ursprüngen am wenigsten entfernt und wird nie
säkularisiert durch erfolgreiche Bettelmönche.

Weisheit sieht wahres Sachwissen
nur im Witz bei der Chefsache.

Liebende aller Länder, enteignet die Eigenliebe!

Wie hält man sich hier Religionen vom Leibe,
ohne sich etwas vorwerfen (lassen) zu müssen?

Den Treuen wird man untreuer als Treulosen.

Treu und Glauben versetzt den *mons veneris*
für keinen Mountbatten mit Mountainbike.

Mutter Natur sitzt wahrhaft zu lange in U-Haft.

Sartre war kalt unter warmherziger Schale,
Beauvoir leidenschaftlich unter spröder Schale.
Er mißbrauchte auch Jean Genet,
sie mißbrauchte auch Violette Leduc, geistig.

Sind Lebewesen mit Absichten
ganz ohne Absicht entstanden?

Hölle : Irdische müssen im Himmel ewig *leben*.
Himmel : Sie dürfen in Höllen *befristet* leben.

Gefühlte Freiheit und gedachte Gleichheit
beißen sich wie Gewissen und Gewissheit.

Emanzipation? Krüppeln gab man früher
Ehepartner. Heute gibt sich ihnen keiner hin.

Gesunde Schönheit hat viel Sex,
ein ekler Krüppel viel Komplex.

Das Kind wird von Großen mißbraucht oder
vom schlechten Gewissen, sie zu mißbrauchen.

Altersweisheit : entwickelte Jugendtorheit.

Ist in dir alles in Ordnung,
ist etwas nicht in Ordnung mit dir.

Logik ist in Wahrheit überall,
also in Wirklichkeit nirgends.

Weil ein Toter ganz zu Erde wird,
ist ein Lebender noch nicht himmlisch.

Wir sind neugieriger auf Tiere unter uns
als auf Genies über uns.

Das Schrecklichste ist, dass Schreckliches
niemanden erschreckt, dass uns nur entsetzt,
was nicht entsetzlich ist vor Gott.

Das Irrste am Irren ist,
dass er herumirrt wie du und ich.

Jeder will klassifiziert sein als unklassifizierbar.

Ohne unrentablen Idealismus
kein profitabler Materialismus, und umgekehrt.

Wer will durch Gruppen die Welt und nicht
in Gruppen sich selbst weiterbringen?

In der Gruppe willst du die Macht,
die du durch sie angreifst?

Eine Feststellung entstellt das Festgestellte?
Unentstelltes ist nicht feststellbar,
stellte Kant fest.

Ich denke nach, also bin ich hinten.
Ich denk nicht dran, also bin ich dran.

Der Raum kann sich schneller ausbreiten
als das Licht in ihm.

Leider ist die Macht viel mehr Rechtskritik
als das Recht ein bisschen mehr Machtkritik.

Die aufgestiegene Sozialdemokratie zerfiel
prekär in aufgestiegene und prekäre Arbeiter.

Aphorismus : Verkürzung mit Rücksicht
auf Verluste und ohne Aussicht auf Gelüste.

Der Lebenslauf überholt aufrechte Gedanken-
gänge, wo dir der Kopf durch den Einwand geht

Gesellschaft : Vereinzelte suchen Verein-Zelte.

Organisierte Kriminalität (O.K.) verstaatlicht
sich, wenn selbst der Ärmste etwas davon hat.

Uns glückt in Jahrzehnten, wozu die Evolution
Jahrmillionen brauchte, – auch zu zerstören.

Ehestreit wird nur noch inzeniert
für Versöhnungssex.

Auch wer dumm ist, ist nicht so dumm,
sich nicht für klug zu verkaufen.

Einziges Band dieser unverbindlichen Sätze ist
ihr gemeinsamer Autor, aus dem sie ableitbar
folgen. Er erschafft sie alle, die alle ihn
erschaffen in ein und derselben Bewegung.

Ich suche Vernunft und fliehe Rationalisten,
liebe Empiristen und fürchte die Erfahrung.

Wirtschaftliche Macht ist das Vermögen,
das Ökonomische distanziert zu halten.

Leibseelische Einheit wäre Kumpanei
von Hand- und Kopfarbeitern.

Logik, Lyrik und Musik sind eins: sie haben
keine realen Objekte und nichts zu sagen.

Schwarze sind als Schwarze weißgewaschen
und nicht weißzuwaschen.

Pferde gehen einander eher an die Kehle,
als einander in Ställe zu sperren.

Meine Methode, keine zu benutzen, produziert ein System, das ununterbrochen abgebrochene Stücke ohne Schluß- und Grundsätze generiert.

Witz ist die Methode zur Herstellung potenziell unendlich vieler unverbunden unverbindlicher Klugheitsregeln *(hypothetischer Imperative)*.

Ein aphoristisches Werk verbindet unverbundene Sätze, deren jeder Unvereinbarstes vereint.

Ein Gesetz regelt die Zufälle,
aus denen unser Tun frei auswählt.

Mein Wort will keine Leser verletzen,
sondern nur ihr dickes Fell zeigen.

Sekundärliteratur zum Aphorismus

Gerhard Neumann (Hg.): „Der Aphorismus.
Zur Geschichte, zu den Formen und Möglichkeiten
einer literarischen Gattung", Darmstadt 1976

„Ideenparadiese. Untersuchungen zur Aphoristik
von Lichtenberg, Novalis, Friedrich Schlegel und
Goethe", München 1976

Peter Krupka: „Der polnische Aphorismus",
München 1976

Hans Peter Balmer; „Philosophie der menschlichen
Dinge. Die europäische Moralistik", Bern 1981

Harald Fricke: „Aphorismus", Stuttgart 1984

Gisela Febel: „Aphoristik in Deutschland und
Frankreich", Frankfurt/Main 1985

Klaus von Welser: "Die Sprache des Aphorismus",
Frankfurt/M. 1986

Heinz Krüger: „Über den Aphorismus
als philosophische Form", Frankfurt/M. 1988

Werner Helmich: „Der moderne französische
Aphorismus", Tübingen 1991

Stefan Fedler: „Der Aphorismus. Begriffsspiel zwischen Philosophie und Poesie", Stuttgart 1992

Paul Geyer / Roland Hagenbüchle: „Das Paradox", Tübingen 1992, Würzburg 2002²

Thomas Stölzel: „Rohe und polierte Gedanken. Studien zur Wirkungsweise aphoristischer Texte", Freiburg 1998

Lada Lubimova: „Struktur und Funktion des Aphorismus : eine textlinguistische Studie", Bremen 1998

Robert Zimmer: „Die europäischen Moralisten", Hamburg 1999

Michael Esders: „Begriffs-Gesten. Philosophie als Kurze Prosa von Friedrich Schlegel bis Adorno", Frankfurt/Main 2000

Rüdiger Zymner: „Aphorismus", In: Kleine literarische Formen in Einzeldarstellungen, Stuttgart 2002

Friedemann Spicker: „Kurze Geschichte des deutschen Aphorismus", Tübingen 2007

„Die Welt ist voller Sprüche. Große Aphoristiker im Porträt", Bochum 2010

Andreas Egert: „Der Fall Aphorismus. Zur Genese und Aktualität einer Gattung", Dresden 2015

Das Unikum und seine Unikate

Die meisten Intellektuellen, die sich heute Außenseiter nennen oder für Außenseiter angesehen werden, sind gar keine. Als Außenseiter sind sie ja Insider, als *outcasts* sind sie *in*, als prächtige Originale sind sie integriert ins Große Ganze, das sich seine tolerante Liberalität so einmal mehr bewiesen hat, daß es den krassen Outsider nicht ausgrenzt. Und die Übrigen sind nicht ausgeschlossen, weil sie genialisch in kein Team passen würden, sondern weil ihr Beitrag die qualitative Mindesnorm formell und inhaltlich nicht erfüllt. Der traurige Rest, der in keine der vorgesehenen Branchensparten gehört und nicht einmal für alle die Rolle des abschreckenden Beispiels spielen will, wie man es nicht machen soll und wohin das führt, der ist wirklich „außen vor", gibt auf oder wird wirklich langsam so absonderlich, wie er eingestuft ist, als *Sonderling*.

Ein „Geistes-Arbeiter", der weder Kultur- noch Lehramts- noch Parteikarriere macht, ist völlig isoliert in jeder Gesellschaftsklasse. Wenn der Plebejer seine Herkunftsklasse nicht verraten und bürgerlich nicht reüssieren will, wenn er Sozialist weder innerhalb noch außerhalb der Partei sein will, wird die Luft um ihn herum immer dünner.

Vielleicht hat er sich einige Semester lang ziellos auf einer Universität herumgetrieben, ohne dort auf einen Beruf hin zu studieren. Niemand weiß etwas mit ihm anzufangen, am wenigsten er selbst.

Er hat keinen richtigen „Stallgeruch", er hat schon nicht das richtige Gymnasium besucht, er gehört zu keiner Seilschaft. Er ist ein komischer Kauz und komischer Heiliger, eine peinliche Erscheinung, ein Spinner und "Spökenkieker". Unverdrossen überschwemmt er die Verlagslektorate und Zeitschriftenredaktionen mit seinem hirnverbrannten Blödsinn auf Hunderten von Schreibmaschinenseiten, die ungelesen zurückgeschickt werden, wenn sie nicht in den Müllkorb wandern. Wenn er nicht wirklich der Irre geworden ist, als der er gehandelt wird, verdankt er das der Tatsache, daß er sich nicht schon deshalb für ein verkanntes Genie hält, weil niemand ihn will. Und diesen Rest an Verstand verdankt er wiederum seiner Frau, die ihn immer wieder auf den Topf setzt, wenn er sich zu verrennen droht. „Große Männer" sind häufig zu Lebzeiten verkannt, aber nicht jeder Übersehene ist deshalb schon ein großer Mann.

Angenommen, er folgt nicht den gutgemeinten Ratschlägen und gibt nicht auf, sondern macht auf eigene Faust und Kosten weiter, ohne Stallgeruch und Seilschaft, ohne nützliche Beziehungen und gute Referenzen, ein Nichts und Niemand, eine einzige lächerliche Prätention. Wenn der proletarische Schriftsteller nicht für die eigene häusliche Schublade schreiben will, sind seine Manuskripte nichts als Bumerangs, die unverrichteter Dinge an den Kopf zurückfliegen, aus dem sie kommen.

Wirklich parteilich engagiert ist einer, der Partei ergreift gegen die Partei. Wirklich gefürchteter Außenseiter ist der Abtrünnige der eigenen Partei, ist nicht der engagierte Parteigänger, sondern der degagierte Einzelgänger. Der Haß der Herrschenden, Ludwig Marcuse hat es gespürt, richtet sich auf das, wohin niemand will : auf den Elfenbeinturm. Er ist die wahre Festung gegen die Belagerer unserer Zeit. Das verdächtige Individuum, das zweifelhafte Subjekt, weder gesellschaftlich noch gegengesellschaftlich zu fassen, weder kulturell noch gegenkulturell eingemeindet und mobilisiert weder von Bewegungen noch von Gegenbewegungen, ist die geheime Zielscheibe aller Mächtigen.

Dein Hals ist wie ein Turm aus Elfenbein, heißt es im Hohelied Salomonis von der Geliebten. Der proletarische Philosoph sitzt im Elfenbeinturm der Sophie oder in seiner Tinte.

Winterpretation des Winternets

Könnte der US-amerikanische Astronom Clifford Stoll seine Kritik "Die Wüste Internet - Geisterfahrt auf der Datenautobahn" heute nach gut zwei Jahrzehnten leicht modifiziert getrost erneut publizieren? Die Verwüstung der surfenden Geister schreitet unaufhaltsam voran.

Ein guter Essay besteht fast ganz aus Aphorismen, und ein guter Aphorismus ist ein ganzer Kurzessay in einem einzigen Satz. Ein Gedicht denkt gar nichts, ein Roman hat das Denken noch vor sich, ein Essay denkt nach, und ein guter Aphorismus hat das Denken schon hinter sich.

Frei nach *Karl Kraus* : Zum Internet fällt mir nichts mehr ein. Nichts als nur schnelle Sätze ins Freie :

Dem Menschen ist es misslungen, Autos und Fernseher, Gen-Labor und Internet nicht zu erfinden.

Früher glaubte man, jeder Freitag, der 13., sei ein Unglückstag. Heute glaubt man, das Internet sei (wie) geschaffen zur internationalen Verständigung, Toleranz und Demokratie.

Internet, TV oder Bestseller sind oft nur Formen, unsere Lebenszeit totzuschlagen, um z.B. so etwas wie Hegels "Phänomenologie des Geistes" niemals lesen zu müssen.

Das böse Internet ist wie das gute Buch,
das es verdrängt : Es macht die Bösen böser,
die Dummen dümmer und die Klugen kaum klüger.

Internet : Noch nie hat schlaue Ignoranz
über so kluge Instrumente verfügt.

Das Internet wurde fast kein soziales Netz, das die Menschen auffängt, sondern eher ein Fangnetz für Menschenfischer.

Goethe? Lies einen Autor bitte nicht nur,
weil er noch kein Auto und Internet kannte!

Sind Geheimdienste vielleicht Internet-Internisten,
die uns ständig Herz und Hirn abhorchen,
um uns vor uns selbst zu schützen?

Big Data im Internet : Geheimdienst am Kunden?

Nie vergessen : Diente das internationale Interesse am interaktiven Internet ursprünglich den Interkontinentalraketen?

Digitalkolonialismus? Die halbe Menschheit besteht aus Individualisten, aber aus webnetz-verketteten. Der übrige Rest sind Autistenherden.

Unser Internet-Komplex. Einstmals wurden komplizierteste Dinge mit einfachsten Mitteln vollbracht. Heute werden mit komplexesten Instrumenten einfältigste Werke vollbracht.

Mehr zu sagen, erschiene mir zu pedantisch.

Die Kritik an dieser Kritik ist vorhersagbar : viel zu pauschalisiert! Wo bleibt das Positive, wurde nicht nur Tucholsky immer gefragt. Aber will der vermeintlich gerechte Ruf nach differenzierterer Betrachtungsweise den sonnenklar einfachsten Befund nicht oft nur verwässern, aufweichen und abwehren? Mancher kommt ja vor lauter gewissenhaften Differenzierungen gar nicht mehr zu eindeutigen Urteilen und sinnvoll bestreitbaren Thesen.

Das bestimmte Negative zu bestimmen, ist immer schon das Positivste.

„Heiterkeit, güldene, komm!" *(Nietzsche)*

Ernst ist das Leben, heiter sei die Kunst, souverän darüberzustehen, ohne aufzuhören, es bitter ernst zu nehmen. Die Heiterkeit nimmt den Ernst des Lebens ernst, aber nicht allzu ernstlich. Sie macht sich nicht lustig über alles, findet es aber etwas lächerlich, ihn nicht auch etwas lächerlich zu finden. Gelassenes Geständnis der eigenen Unterlegenheit und heiteres Darüberstehen zugleich : Lachen ist ein befreiendes Triumphgefühl über eigene Ohnmachtsanfälle.

Heiterkeit ist ansteckend und kann Einverständnis und Gemeinschaft stiften. Ihre bevorzugten Mittel sind *Komik, Witz* und *Humor:* Sie schaffen Situationen, die Heiterkeit erzeugen und zum Lachen reizen. Laut Kant ist Lachen das plötzliche Entladen einer "gespannten Erwartung in Nichts". Aber Heiterkeit und Gelächter sind keine bloßen Ventile.

Komisch wirkt es z.B., auf unterschiedlichste Herausforderungen mit immer derselben unangemessen mechanischen Art zu reagieren, weil keine andere Möglichkeit zur Verfügung steht : Der lebendige Mensch agiert wie eine leblose Maschine u. u.

Komik verteilt sich auf zwei verschiedene Personen: eine unterlegene komische Person, die den Schaden hat, und ein überlegener Komiker, der den Spott hat. Man vertraut darauf, nicht mit der belachten Person mitzustürzen, sondern auf sie spöttisch herabblicken zu können. Humor entsteht am krisenhaften Ausgang des Mittelalter. Der Geistliche Lawrence Sterne mit seinem skurrilen *Shandyismus* war ein unüberbotener Meister darin. "Die Pickwickier" von Charles Dickens sind ein gutes Beispiel im 19. Jahrhundert.

Schopenhauer entwickelte im 8. Kapitel seines philosophischen Hauptwerks „Die Welt als Wille und Vorstellung" eine Theorie der Heiterkeit. Er nennt z.B. "die Grabinschrift eines Arztes: ´Hier liegt er, wie ein Held, und die Erschlagenenen liegen um ihn her´: − es subsumiert unter den dem Helden ehrenvollen Begriff des ´von Getödteten umringt Liegens´ den Arzt, der das Leben erhalten soll."

Die (konkrete) Ausnahme verletzt die (abstrakte) Regel und bestätigt sie zugleich : Etwas fällt unter seinen Begriff *und* sprengt ihn in ein und derselben Bewegung. Dass die gestrenge Lehrmeisterin Logik einmal kurz veräppelt wird, macht uns lachen, und das ist der Witz bei der Sache.

Wer den Witz kapiert, lacht über sein kurzes Ausrutschen, das sich in derselben Sekunde schon wieder fängt. Die übermütige Herrin Vernunft blamiert sich einmal kurz vor einer schnöden sinnlichen Regung. Für eine Sekunde wird das innere Gleichgewicht in Frage gestellt, wird die innere Gewissenszensur überlistet, passt nicht auf, und der verpönte aggressive oder sexuelle Triebimpuls kommt zu ungeschmälerter Geltung.

Witz sei „ersparter Hemmungsaufwand", befand Sigmund Freud, und Humor sei „ersparter Gefühlsaufwand" : Du traust dich, einem überwältigenden und umwerfenden Gefühl dich zu überlassen, das mit dir Schlitten fährt; du lässt dir von ihm die Fassung rauben und gewinnst sie in nächster Sekunde zur Belohnung doppeltversichert zurück. Der ordentliche Gedanke stolpert über ein chaotisches Gefühl und übersteht es zum Glück recht gut, voller Erleichterung.

Es ist wie beim heute beliebten extremsportlichen *Bungee-Springen*. Du stürzt dich aus einer Höhe am elastischen Sprungseil in die Tiefe und gewinnst durch den freien Fall die Energie für den rettenden Wiederaufschwung, wieder und wieder, und genießt deine eigene Angstlust. Heiterkeit ist das Triumph-

gefühl dessen, der sich einem fassungslos machen-
den Gefühl freiwillig zu überlassen wagt, um sich
seiner unverletzten Überlegenheit einmal mehr zu
vergewissern. Der Neophänomenologe Hermann
Schmitz hat Komik, Witz und Humor beschrieben in
„Der unerschöpfliche Gegenstand" (Bonn 1995).

Du überantwortest dich einem Gefühl, das dich
überkommt, wo du ernstlich drohst, vor Angst zu
vergehen, vor Scham im Boden zu versinken, vor
Schmerz zu erstarren, von Panik überschwemmt zu
werden, in Tränen zu zerfließen, kurz : deine Fassung völlig zu verlieren, und – gewinnst deine Sou-
veränität, die du aufs Spiel gesetzt hast, frisch bestätigt zurück. Du riskierst das Untergehen und behältst
Oberwasser zugleich, bleibst ein bisschen Regisseur
deiner unverleugneten Niederlagen und Schwächen.
Hesses klassizistisches „Glasperlenspiel" einer *Ars
Magna* à la Leibniz will 1943 hochgeistigste Heiterkeit erzeugen, während das Abendland untergeht.
„Heiterkeit, güldene, komm!" schrieb Nietzsche,
und „umsonst der Tag, an dem man nicht wenigstens einmal gelacht hat." Er verlachte im Leben aber
so viel vermeintlich Irriges, dass es am Ende ein
irres Gelächter wurde, das viele Mitlachende bis
heute in die Irre geführt hat. Manche freilich kehren
nie zurück ....

Nun sei doch mal still ruht der See!

Remmidemmi oder Ruhe und Ordnung?

„Die größte Offenbarung ist die Stille."
(Lao-Tse, 6. Jahrhundert v. Chr.?)

„Wenn wir die ersehnte Ruhe endlich haben werden, werden wir nichts mehr von ihr haben." (*Marie von Ebner-Eschenbach, 1880)*

„Großstadtbewohner sind Menschen, die die Stille oft mehr aus der Ruhe bringen kann als der Lärm."
(Werner Mitsch)

Kein Geringerer als *Michel de Montaigne,* der Erfinder des Essays, hatte um 1580 diesen sprunghaft assoziativen Essay-Stil ausdrücklich schon vorweg gerechtfertigt. Von der Ruhe soll man ungeduldig reden und ruhig von der Unrast.

Mancher schreit : „Ruhe !!!" Ein leichtes Paradox: Wer über Stille spricht, verletzt sie schon. Das bloße Wort „Ruhe" beendet sie bereits. Wer das Stillschweigen zum Thema macht, muss es brechen, ob er will oder nicht. Der nicht nur von Brecht sehr bewunderte populäre Kabarettist *Karl Valentin* sagte vor achtzig Jahren auf der Bühne: „Ich sach´ nix. Das wird man ja wohl noch dürfen." Gab er Ruhe?

In meinen Mund kommen Speis und Trank, aus meinem Mund kommen Worte und Laute, und Jesus fragte, was reiner sei : das, was reingeht, oder das, was rausgeht.

Die Weisheit aller Zeiten hat das Thema eigentlich ziemlich erschöpft und will nur noch beherzigt sein.

Wenn der übersensible Port-Royal-Jansenist *Blaise Pascal,* einer der Erfinder der Wahrscheinlichkeits-theorie und der Rechenmaschine, im 17. Jahrhundert in den Himmel schaute, schreckte ihn in den be-rühmten Fragmenten das „Schweigen der unendli-chen Räume". Ihn beruhigte nur, dass ihr Schöpfer dieses Schweigen einst gebrochen und ihm wider-sprochen hatte. Das ganze Elend des Menschen komme daher, dass er nicht ruhig in seinem Zimmer sitzen (bleiben) könne, sagen Pascals „Pensées", die erst posthum veröffentlicht wurden wie Lichten-bergs „Sudelbücher".

Ein Arthur *Schopenhauer* präzisierte 1851 in seinen ebenso berühmt gewordenen (eher essayistischen als aphoristischen) „Aphorismen zur Lebensweisheit", dass der gewöhnliche Durchschnittsmensch, diese „Dutzendware der Natur", lebenslang nur zwischen Leiden und Langeweile ruhelos hin und her taumle. Aus dem Überdruss könne ihn laut Schopenhauer nur die nackte Not befreien, und sobald die Lebensnot behoben sei, langweile er sich erneut zu Tode. Zerstreuungen und Vergnügungen helfen aus diesem Teufelskreis nicht sehr lange heraus. Tobt der Wille, flieht die Stille. (Nur eine kleine Pille bringt noch kurze Stille.) Allein den *happy few* Stendhals sei der Ausweg offen in ein geruhsam „geistiges Leben" in Künsten und Wissenschaften.

„Im Anfang war das Wort", nicht das Schweigen (oder das Wort „Ruhe!"), „und das Wort war bei Gott", sagen die biblischen Schriften. Der Ewige schuf die Welt durch Sein Wort aus dem Nichts, heißt es. Er hielt nicht still, Er beendete die ewige Stille, indem Er das All aus dem Tohuwabohu buchstäblich *hervor-rief*. Und „Mein Wort zerschmeißt Felsen".

Ruhe heisst ja zweierlei : kein Lärm und keine Bewegung. Sei still und halt still und den Mund! Was ruhig ist, das lärmt nicht und läuft nicht. Doch Still-schweigen, wo Reden nötig wäre, brächte Stillstand und damit Rückgang. Der heutige „Ruhestand" ist gar kein Stillstand mehr, ganz im Gegenteil. Arme Rentner und reiche Pensionäre schreien und rennen um die Wette. „Wer rastet, der rostet", eifert der Volksmund, nie um ein Wort verlegen, bis heute.

Wenn Friede und Freiheit herrschen, dann herrschen sie auch über uns. Auch Stille herrscht – über uns. Wie ein Diktator? "Wo Friede herrscht, da herrscht Totenstille, als hätte man seine Feinde alle erschla-gen."

„Alle Räder stehen still, wenn dein starker Arm es will", lautete eine Parole aus der frühen Arbeiterbe-wegung des 19. Jahrhunderts. Daran ließen sich auch Arbeiter des 21. Jahrhunderts tunlichst wieder erinnern. Alles Maschinenstürmer im Wasserglas?

In Deutschland ist das „beredte Schweigen" so beliebt, dass das Schweigen am liebsten lang und breit und gründlichst beredet und zerredet wird, bis es weg ist. Viel häufiger jedoch ist das Gerede nichtssagend als das Schweigen beredt:
Es verschweigt, was es alles verschweigt.

„Still" kommt etymologisch von „stellen" und meint eigentlich „stehend, unbeweglich, ruhiggestellt". Schon im Althochdeutschen wird das Adjektiv in der Bedeutung von „ruhig, schweigend, verborgen" gebraucht. „Im Stillen" heißt so viel wie „unbemerkt". Wer ein Kind stillt, säugt es und bringt es zum Schweigen, sobald es vor Hunger und Durst schreit. Die Babys stillt man mit Muttermilch oder Schnullern, die Erwachsenen mit höherprozentigen Äquivalenten dafür.

Das buddhistische „Stumm-Zen" will kein Stumpfsinn sein, sondern die kreischenden und springenden Affen des Lebens in uns durch Stillsitzen beruhigen. Der Normanne *Alain* (ein Pseudonym von *Émile-Auguste Chartier*) schrieb in seinen damals vielgelesenen „Propos"-Kolumnen, dass Kunst dazu da sei, den durch die Welt hervorgerufenen Tumult und Aufruhr in uns durch ordnende Form willentlich zu besänftigen.

Man hat von akustischer Verseuchung der modernen Welt gesprochen, mit Popmusik, Reklame, Autolärm und Marktschreiern aller Art, aber auch von überfordernder Akzelerierung aller gesellschaftlichen Prozesse. Doch vielleicht können wir inzwischen, suchtgewöhnt, die „dröhnende Stille" und die

Immobilität des arbeitslosen Ruhestands auf Dauer noch schlechter ertragen als Dauerkrach und ewige Hetze?

Ohne stete technische Fortschrittsbeschleunigung kein Wachstum, ohne Wachstum weder Wohlstand für viele noch Naturschutz für alle; es gibt kein Entrinnen für den, der nicht wieder in die schlimme alte Zeit zurückwill. Alles wird lauter und schneller, "keine Ruh bei Tag und Nacht" (*Mozart*). Auch die Liebe raubt uns ja den Schlaf, den ein verordneter Beischlaf kaum noch zurückbringt.

"Ruh und Rast ist halbe Mast", doch "stete Ruh macht müde Beine". "Über allen Gipfeln ist Ruh´" nun vorbei, doch "warte nur, balde ruhest du auch" auf ewig. "Der Tod macht stille Leute", und "stille Wasser" können sehr flach sein. "Ruhe in Frieden" auf dem Friedhof, doch vorher "immer mit der Ruhe – und dann mit´m Schwung"? Ein *Theodor Körner* dichtete : "Die Ruhe tötet; nur wer handelt, lebt" und schafft und rafft sich zu Tode.

"In der Ruhe liegt die Kraft" wie die Kraftlosigkeit. Bei der Ruhe kommt oft gar nicht viel mehr heraus als bei der Unrast, ein jedes bereitet meist nur aufs Gegenteil vor. "Wechselnd in Müh´ und Ruh´ ist alles freudig", doch "friedlich und heiter ist dann das Alter" für den armen *Hölderlin* ja nicht geworden in seiner Lebensabendphantasie, fern "des Markts geschäft´gem Lärm". *G. E. Lessing* in „Emilia Galotti" wusste : "Ruhig sein können und ruhig sein müssen, kommt es nicht auf eines?"

Ein *Erhard Blanck* weiß : "Stille macht uns Angst, Angst macht uns stille." Ruhe und Stille sind uns wohl nur erträglich als passagere Erholungspausen zur Regeneration verbrauchter Kräfte vor erneutem Gemache und Gerenne. Kurz : Man erwarte von der vielbeschworenen "Entschleunigung" nicht so viel mehr als von der verteufelt lautstarken Unrast, also lediglich ein bisschen mehr Effektivität.

Sobald die Begierden und Ängste ruhen, sind die meisten von uns wohl nur ihrer inneren Leere ausgeliefert, die ihnen schnell so unerträglich wird, dass sie sich in Tun und Machen retten und in hektisches Getümmel. Diese innere Leere, die sie finden, gilt als ihr "wahres Selbst", das sie suchen.

Manche sagen, ihre Unruhe werde erst gestillt am Busen der Leihmutter Natur, im bukolischen *locus amoenus* schöner, menschenleerer Landschaften. Aber faules Dösen im sonnigen Süden ist oft voller

Stechmücken, Kindergeschrei, Volleyballspieler und macht stumpfsinnig müde.

Von Aristoteles über Kant bis Schopenhauer priesen Philosophen die "Meeresstille des Gemüths" ohne tobende Leidenschaften, die nur Leiden schaffen. Erst die industrielle Neuzeit setzte voll und ganz auf geräuschvolle *action in permanence*, faszinierend fasziniert und betört von technischer Rasanz.

Wer selber Laut geben will, heißt andere still sein. Ein *Jean-Paul Sartre* engagiert : „Autoren reden, um Schweigen zu erzeugen." – "Ordnung, Stille, Luxus und Lust" galten 1857 dem Poeten *Charles Baudelaire* als Synonyme. Da er sein erniedrigendes Familienschicksal still ergeben hinnahm, ohne sich zu wehren, rief der unheilbare Dynamiker Sartre ihm kopfschüttelnd nach : "Jeder hat nur das Leben, das er verdient."

Stillschweigen macht selten sprachlos (kehlkopflos).

Ist dröhnende Stille nichtssagender als Eintönigkeit?

Heimtier oder Tierheim?
Domestiziertes im Domizil

Es gibt viele Tiere, viel mehr Tiere als Menschen. Sie teilen sich in Raubtiere, Herdentiere, Untiere, Nutztiere, Futtertiere, Stalltiere, Faultiere, Arbeitstiere, Versuchstiere und Schoßtiere. Man unterscheidet wilde Tiere von domestizierten Zuchttieren – und überzüchteten Hätschel-*Pets*. Nur die letzteren werden heute Heim- und Haustiere genannt. Der Mensch hält sich seit Olims Zeiten gezähmtes Getier im Stall oder Haus. Mensch und Tier unter gleichem Dach ging jahrtausendelang gut. Aber auch bei Landwirten (Agrartechnikern) liegt Kuh- und Pferdestall heute meist nicht mehr im eigenen Wohnhaus. Aus medizinisch-hygienischen Gründen, damit die Tiere nicht unsere Krankheiten bekommen, und etwas Distinktion muss ja schließlich sein, trotz Darwin.

Die Tiere wurden nie gefragt, aber man geht davon aus, dass sie freudig zugestimmt hätten, des zivilisatorischen Komforts wegen. Haustiere müssen sich ihr Futter in freier Wildbahn nicht mehr selbst erbeuten; dafür willigen sie ein, sich von ihren Haltern ausbeuten zu lassen als abgerichtete Schutzbegleiter, lebende Alarmanlagen, geborene Lebensmittel, Ersatzteillager, lebensechte Kinderspielzeuge und evolutionsgeprüfte Psychotherapeuten ihrer Besitzer. Laxe Tierschutzbestimmungen ermöglichen gewissensbetäubend "artgerechte" Massentierhaltung. (Ungequälte Tiere schmecken uns einfach besser.)

Als Haustiere beliebt sind bissigtreue Hofhunde, kadavergehorsame Schoßhündchen, schmiegsam eigenwillige Rattenfängerkatzen, bunte Paradiesvögel, possierliche Goldhamster, goldige Meerschweinchen und schmackhafte Hausschweine, nervenberuhigende Aquariumfische, Acker- und Turniergäule, edle Schlachtrösser (erst Schlachtfeld, dann Schlachthof) und dilettantische Steckenpferde, dumme Gänse, dumme Kühe und schon prestigeträchtige Giftreptilien.

Das größte Raubtier machte Raubtiere zu Haustieren

Philosoph Hans Blumenberg dachte sogar
an Hauslöwen.

"Eine Katze hat neun Leben", ein Schmusekätzchen nur ein Hundeleben.

Menschliche Arbeitstiere sind die allerzahmsten Haustiere.

Viele Familienmitglieder sind einander die liebsten Haustiere.

Pets gelten als uns unterlegen, weil sie nichts von Popkultur wissen (wollen).

Werde Haustier, verwirkliche dich selbst !

Haustierlieb ist selten kinderlieb.

Man kann nur wählen zwischen Zustimmvieh und Irrenhaustier.

Hausbesitzer und Haushälterin unterscheiden sich
von ihren Haustieren durch Sklavenhaltung
und von Robotern durch Fehlerquoten.

Wo Gott freiwillig Mensch wurde, hat der Mensch
die freie Wahl zwischen Haustier und Raubtier.

Du gehörst zur Gesellschaft : Gesellschaftsfähig
sind nur noch seßhafte Haus- und Arbeitstiere.

Von unserem Haustier unterscheidet uns
das Wissen, wie wenig es sich unterscheidet.

Das zahme Schoßtier hört gern, dass es eigentlich
ein wildes Raubtier sei. (Aber sind Mundraubtiere
schon wilde Schoßtiere?)

Heldentaten scheitern, wo Kätzchen als Tiger
behandelt sind oder Wölfe als Schoßhündchen.

Menschwerdung : Evolution vom Affen über Pack-
esel und Schweinehund zum Hausrobotier.

Als der Affe Mensch geworden,
wurde der Mensch zum Kaufhaustier.

Die Gesellschaft macht jeden zum *Selfmademan*,
der sich selbst zum Herdenheimtier macht.

Gäbe es keine Haustiere mehr,
wäre die Welt bestialischer.

In Diktaturen wird der Schäferhund des Hirten
gern zum Raubtier des Hausherrn.

Wer untreu wird, kann noch ein dummer Hund sein.

Der Bauer ist so frei wie sein Vogel im Bauer.

Frauen wollen nicht mehr wählen müssen
zwischen Frauenhaustier und Freudenhaustier.

Der Mensch hat weniger Instinkt als sein Haustier
Intelligenz.

Der Hofhund zieht Leine - oder die Leine den Hund.

Hunde bauen einander keine Hundezwinger.

Ein Hofhund wird nicht angekettet, wenn er eine
Bestie ist, sondern wird eine Bestie, wenn er ein
Kettenhund bleibt.

Der pessimistisch misanthropische Philosoph *Arthur
Schopenhauer* zog seinen Pudel "Atma" (Weltseele)
bekanntlich jeder menschlichen Gesellschaft vor.
Wenn er seinen vierbeinigen Lebensgefährten ein-
mal ausschimpfen wollte, herrschte er ihn an: „Du
Mensch du!"

Freiheit und Freizeit

„Der Mensch rollt seinen Wagen, wohin es ihm beliebt, aber unter den Rädern dreht sich unmerklich die Kugel, die er befährt." *(Eduard Mörike, 1832)*

Mit der Industrialisierung waren einstmals sehr große Hoffnungen und Versprechungen verbunden. Die harten Knochenarbeiten und nervtötenden Routinearbeiten sollten schrittweise von leblosen Maschinen übernommen werden, so dass der Mensch und *jeder* Mensch endlich freigestellt würde für immer Schöneres und Besseres. Nun sind in den Industrienationen die schlimmsten Drecks- und Muskelarbeiten tatsächlich fast verschwunden, aber die Menschen arbeiten immer noch nicht weniger, sondern eher mehr als zu Zeiten der Ochsen und der Pferde. Die Produktivität der Arbeit ist durch maschinelle Rationalisierung so gesteigert worden, dass die Erwirtschaftung des Lebensnotwendigen nun immer weniger durchschnittliche Arbeitszeit erfordert. Aber statt die durchschnittliche Arbeitszeit daraufhin schrittweise zu drosseln, um endlich mehr leben als schuften zu können, wird sie eher erhöht und mit mehr Arbeit vollgepackt, um sich im

Überfluss noch mehr Überflüssiges kaufen zu können. Je mehr und bessere Maschinen entwickelt werden, umso stärker wird gleichzeitig die menschliche Arbeitskraft beansprucht, um ihre Kaufkraft zu steigern. Besser als das Leben ist nur ein besseres Leben, und als besser gilt nun ein Leben, das sich immer mehr und Besseres leisten kann, je mehr es leistet.

Als der antike Sokrates auf einen Markt ging, soll er angesichts der Warenfülle gesagt haben: „Wie vieles gibt es doch, was ich nicht brauche." (Und wofür er also nicht schuften musste.) Der Weise von heute sagt: „Man tut seinen Job, den man hasst, um sich Dinge kaufen zu können, die man nicht braucht." Oder die man nicht brauchen sollte, wenn man nur zu leben verstünde. Das alte „Savoir-vivre" ist kaum noch eine französische Tugend, geschweige denn schon globalisierbar. Wer den lieben langen Tag, den Gott werden lässt, für Lebensmittel hart arbeitet, hat keine Zeit und Kraft mehr zum Leben selber. Die Mittel und Wege haben die Zwecke und Ziele aufgefressen. Mit weniger Geld und mehr Zeit könnte man recht gut leben, mit mehr Geld aber nur weiterwerkeln für noch mehr Geld – und das aus purer Angst vor Hungertod, Inflation und Pennerdasein.

Aber wer mit viel mehr Freizeit nicht viel mehr anzufangen wüsste, der schlägt seine Zeit doch viel lieber mit Schuften tot als mit Billig-Bier vor Online-Pornos oder mit guten E-Büchern in Lese-Ecken. Das Schuften für Reichtümer wurde inzwischen ein hochgeistiges Armutszeugnis, aber man braucht schon einen recht veritablen materialistischen Idealismus, um sich tagtäglich dem *Wertgesetz* des von Menschen geschaffenen Kapitalgroßautomaten zu unterwerfen, statt mit bescheideneren Mitteln sein kurzes Leben zu genießen. Wem Zeit nicht mehr ist als Geld, schlägt sie am besten lebenslänglich mit Überstunden tot. Wenn viel Freiheit mit viel, viel Freizeit beginnt, endet sie schon in Büros und Fabriken. Aber *„wir verwirklichen uns selbst"* am Arbeitsplatz fern der Sonne, heißt es heute. Statt ganz neue Bedürfnisse nach immer anspruchsvollerem Leben zu entwickeln, lässt man sich zunehmend einwickeln von immer denselben Bedürfnissen nach immer alberneren Hochindustrieprodukten und kindischeren Prestigesymbolen, mit ressourcenvergeudenden Krach-Autos und gut überwachten PC.

Wer selbst in der Jugend kein Idealist war, sondern schon als Realist und Pragmatiker geboren wurde, wird seinen Brotberuf ja vor allem danach aussuchen, wie viel Wohlstand er verspricht und wie viel soziales Prestige er voraussichtlich abwerfen wird. Zu oft wird heute nicht Lehrer, wer eine pädagogische Ader hat, sondern wer Beamter werden will und für weniger Arbeitsstunden mehr Geld und Sozialprivilegien bekommt und inzwischen sogar noch zusätzlich ungestraft „bummelstreiken" darf. Man wird nicht Jurist, weil man schon als Jugendlicher den Erniedrigten und Beleidigten zu ihrem guten Recht verhelfen will, sondern weil das ein gutdotierter Akademikerposten ist mit erklecklicher Platzierung im Sozial-Ranking.

Das Akademikerkind studiert selten aus unbezähmbarem Interesse an den studierten Fächern. Man wird zu oft nicht Arzt, weil man erst einmal die unwiderstehliche Neigung und Eignung zum Helfen und zum Heilen hat, sondern weil schon Eltern und Großeltern Hochschulen absolviert haben und man an deren Lebensstandard inzwischen suchtgewöhnt ist.

Man sieht einen erheblicheren Fortschritt darin, seit Luther nicht mehr der Meinung zu sein, dass Arbeit schändet, sondern der Überzeugung zu sein, dass selbst Industriearbeit adelt, wenn sie die Familie mehr als nur ernährt. Die Antike hielt sich Sklaven, weil sie der begründeten Ansicht war, dass Arbeit schändet. Die Antike irrte nicht, weil Arbeit in Wirklichkeit adelt, sondern weil die Sklavenhalterei eine uralte Schande der Menschheit ist. Sobald aber menschliche Arbeitssklaven durch seelenlose Maschinen mal ersetzbar waren, sollte Arbeit wieder schänden und das sein, was sie für Menschen seit allem Anbeginn der Zeiten gewesen ist, ein Fluch, vor allem Arbeit für Dinge, die über die alltägliche Notdurft und über „Gottes Luxus" weit hinausgehen. Für Essen und Trinken, für ein Dach über dem Kopf und für bescheidenen Komfort wie Waschmaschinen und Kühlschränke müsste niemand auf der Welt beim derzeitigen hochindustriellen Arbeitsproduktivitätsstand mehr als eine einzige Stunde täglich arbeiten müssen. Wer mehr arbeitet, tut das für seinen Luxus – oder eben für den Luxus seiner Ausbeuter. Wer sich mehr abrackern will, um sich lächerlichen Tand wie Eigenheime und Nobelrestauranttrips, hippe Smartphones und Swimmingpools, luftverpestende Mord-PKW und kerosinfressende Flugzeugreisen leisten zu können, sollte das tun dürfen, soweit er anderen damit nicht das Leben schwerer macht : Und das dürfte nun schwerfallen. Kurzum : Ist das Leben lang genug, um es mit stupidem Sex und Sport, Joggen und Yoga, Autofahren und Basteln, Reisen und Surfen zu verspielen?

Wer den Sinn seines Lebens darin findet, sich einen Posten in der arbeitsteiligen Hochleistungsgesellschaft zu suchen, hat sich kaum oft genug gefragt, ob er ein besonders sinnvolles Leben gewählt hat. Der Sinn eines Lebens als Autotechniker, Chiefconsultant, Kaufmann, Händler, Coach, Medienexperte, Werbegraphiker, Kulturbetriebsnudel etc. etc. etc. besteht darin, seine Kohle zu scheffeln, nicht in der Tätigkeit selbst, die meist völlig sinnfrei ist und deren Nutzen eher in ihrem Schaden liegt, also darin, Kapital irgendwo zu vernichten, um anderswo Kapital anzuhäufen. Wer nicht langsam aber sicher wieder ein unabweisbares Grundgefühl dafür entwickelt, dass es eine Schande sein sollte, sein Leben als „kreatives" Funktionsrädchen in einem arbeitsteiligen Gesamtgetriebe von Betrieben zu beschließen, der weiß gar nicht mehr, was Leben ist und schon einmal war, bevor es in Erwerbsarbeit ausartete, erst ins Umwühlen des von Gott verfluchten Ackers und dann ins immer arbeitsintensivere Bedienen immer ausgefuchsterer Maschinenparks.

Als der Steinzeitmensch noch gemächlich seiner Herde folgte, noch kein einziger Getreidehalm angebaut war, noch niemand ein abgestecktes Stück Land dem Weltschöpfer geklaut und kriegstreibend für sich allein beansprucht hatte, als die Gesellschaft nicht viel größer war als ein freiwillig lockerer Verband von Großfamilien und Sippen in der Steppe, als die Machthierarchien nicht viel steiler waren als die zwischen Mann und Frau und Kind(eskind)ern, als der Unterschied von Mensch und Landschaft noch kein Unterschied von Stadt und Landwirtschaft war, nannte die Bibel diesen Zustand den Garten Eden, das Paradies, aus dem der Nomade sich selber vertrieb, als er vom *Baum der Erkenntnis* aß, der Erkenntnis nämlich, wie Gottes Schöpfung am besten erschöpfend zu missbrauchen wäre als bloßer Rohstoff für bessere Schöpfungen der sesshaften Übermenschen.

Wer im großen Ganzen funktioniert, ist ganz dessen kleiner Funktionär. Wenn es Arbeiten geben sollte, die *nicht* erniedrigen, wären es Tätigkeiten, die zu nichts gut sind, die um ihrer selbst willen ausgeübt werden, nichts einbringen und ihren Sinn in sich selber haben – vor allem intellektuelle, gelehrte und künstlerische.

Wissenschaft
Einem ist sie die hohe, die himmlische Göttin, dem andern
Eine tüchtige Kuh, die ihn mit Butter versorgt.
(Friedrich Schiller)

Lateinisch „industria" ist der deutsche „Fleiß": Die Industrie fordert und fördert noch immer einen Fleiß, den sie gar nicht ersetzt. Statt um sichere Arbeitsplätze zu kämpfen, kämpfte es sich aber weit edler um das Recht auf sichere Muße. Doch wer im Müßiggang aller Laster Anfang oder bloß seine innere Leere fürchtet, tut lieber alles, um nicht gar nichts tun zu müssen. Wenn sich von der Industrie den Wunsch nach idiotischen Statussymbolen genügend viele Dummköpfe einimpfen lassen, so dass sich teure Maschinen für den Massenkonsum erst rentieren, könnte der Verstand doch wohl zur Abwechslung auch einmal den viel schöneren Wunsch nach unbezahlbarer gebildeter Muße sich einreden lassen. Statt nach noch mehr Arbeitszeit zu gieren, um in „sozialen Netzwerken" weltweiten Schwachsinn auszutauschen, könnten intelligentere Sklaven nach viel mehr Freizeit rufen, um wirkliche Gedanken auszutauschen. Zeit ist nicht Geld. Wer viel Geld zu brauchen glaubt, hat keine Zeit zu genießen, was sich damit anschaffen lässt : Der Tagträumer könnte das viel besser als der Manager. Wer nun sein bisschen Verstand nur einsetzt, um seinen Wohlstand zu mehren, hat ihn schon verloren an die tolle Jagd danach. Das smarte „Kapitalverhältnis" zwischen den Menschen beherrscht sie wie ein Naturgesetz und ist doch von ihnen selber eingesetzt wie ein Strafgesetz.

In dieser schönen Zwickmühle hat sich der irre Neuzeitmensch selber verfangen und sich weisgemacht, dass alles andere schlimmer wäre oder ein Rückfall in uralte Barbarei. Aber der Fortschritt, wie Walter Benjamin wusste, ist selber die Katastrophe, die er verhindern oder reparieren will. Und das Paradies war schon einmal da auf Erden, lang ist es her, und liegt noch in jedem Augenblick überall „gleich nebenan".

Nicht die Industriearbeit schändet, aber der Glaube, sie biete dem kleinen Mann auf der Straße, wenn er nicht auf der Straße liegt, mehr Nutzen als Schaden. Die Nützlichkeit der allermeisten Arbeit heutzutage in den Hochindustrienationen, mehr noch als in feudalen Ackerbaukulturen, ist so völlig sinnlos wie die hergestellten Produkte selber, die man sich zwingen muss zu brauchen, um seinen werten Arbeitsplatz ja nicht zu verlieren. Jeder verbirgt vor sich und anderen, wie sehr er sich vergewaltigen muss, für Dinge zu schuften, die er doch gar nicht zu brauchen wüsste, wäre er innerlich frei, frei von der Angst, auf der Straße zu liegen, als Abfall der Gesellschaft. Aber im Müll der Konsumgesellschaft einfach ersticken lassen sollte der kleine Mann seine hohen Herrschaften – und einfach seiner Wege gehen, wie der Hirtennomade der Steinzeit mit seiner Großfamilie unter Gottes freiem Himmel, wie noch bis vor zehntausend Jahren, um nicht ewig sesshaft „ackern" zu müssen.

„Arbeit macht frei" stand über dem KZ. Jeder wusste, dass es bedeutet: Arbeit vernichtet. Dieser Spruch könnte heute über jedem Firmentor stehen und in jeder Firmenbroschüre. Wenn totalitäre Regime wie die sozialistischen uns durch Arbeit vernichten, leben auch *freie Arbeitnehmer* heute in tendenziell totalitären Gesellschaften. Die Arbeitswelt heutzutage unterscheidet sich von der Sklavenarbeit früherer Zeiten vor allem durch den „freien Arbeitsmarkt", also durch den blanken Hohn, zwischen Pest und Cholera ständig wählen zu müssen. Ein freier Mensch, der sich selber verkauft, arbeitet eben sehr viel besser als ein Sklave, der eingekauft wurde : Nur deshalb wurde er *befreit*.

Arbeitslosigkeit ist heute das Schreckbild der paradiesischen Muße, die die meisten Zeitgenossen als höllische Langeweile erleben und wohl keinen einzigen Monat lang ertragen würden, ohne mit allfälligen Depressionen zu Sozialarbeitern zu rennen. Solange Menschen mehr Angst *um* ihren Arbeitsplatz haben als *vor* ihrem Arbeitsplatz, der ihnen viel mehr Leben stiehlt als erhält, wird sich nichts Nennenswertes ändern an der „alten ökonomischen Scheiße" *(Karl Marx)*. Wer sich freiwillig manipulieren lässt, hält sich für frei, und wer sich heute für frei hält, ist manipuliert. Selbsterhaltung durch Arbeit ist für den Normalverbraucher Selbstvernichtung durch Arbeit – und auch umgekehrt. Die heilige *Wettbewerbsfähigkeit* ist nur ein billiges Erpressungsmittel für „dressierte Arbeitstiere". Mancher glücksritterliche Arme ist nicht gescheitert im und am Konkurrenzkampf, sondern bestraft für seinen Unwillen, am Rattenrennen teilzunehmen.

Was wird aus der „Kritik der politischen Ökonomie"?

Eines schönen Tages werden es hoffentlich genügend viele Leute völlig unverständlich finden, dass es Sterbliche gegeben haben soll, die gern und freiwillig lebenslänglich zu Industrietechnikern oder Agrarökonomen sich machen ließen, um auch nur ihr täglich Brot verdient zu haben und nicht unter Brücken schlafen zu müssen. Wir arbeiten dummdreist begeistert für sinnlosen Unfug und hochgiftigen Krempel, für den auch nur den kleinen Finger zu rühren wir uns leider nicht zu schade sind und den ein freier oder stolzer Mensch nicht einmal geschenkt nehmen würde. Maschinen nehmen uns viele harte und öde Arbeit ab, aber mit der so gewonnenen Zeit wissen die allermeisten gar nichts Besseres anzufangen, als für noch Besseres noch mehr zu rackern, bis schon die Enkel es auf den Müll werfen.

Der Industrialismus weckt mehr neue teure Bedürfnisse, als dass er den alten Bedarf preiswert deckt. Eine Maschinenwelt aber, welche die durchschnittliche Höchstarbeitszeit des durchschnittlichen Arbeitnehmers nicht radikal auf eine einzige Stunde pro Tag reduziert, ist überflüssig bis volksschädlich. Der Bedarf von gestern produziert keine billige Massenware und Freizeit, sondern jede neue teure Ware produziert Konsumenten und neue Wünsche, die nur durch gleichbleibend hohe Arbeitszeit an immer raffinierteren Werkzeugen zu erfüllen sind.

Die unverkürzte Arbeitszeit wird mit jeder hochtechnischen Innovation nur immer produktiver und beansprucht die Nerven viel mehr als die Muskeln. Die Automaten schaffen leider keine ausreichend bezahlten und endlich „freigestellten" Arbeitslosen, sondern nur höherbezahlte Arbeitstiere. Die Wissenschaft macht wenige klüger und die Mehrheit immer noch dümmer. Die demokratische Gesellschaft heute heißt: Mit höchstem Tempo wird das Tempo zügig gezügelt. Kurzum : Gesellschaft und Individuum verhüten einander auch weiterhin.

Vor sozialem Tod schützen nur noch Übersättigung und Überarbeitung. Wir wollen mehr leisten, um uns mehr leisten zu können, statt weniger zu kaufen, um weniger schuften zu müssen – und uns gratis auf kultivierteren Jagden zu vergnügen statt auf teuren Yachten zu langweilen. Maschinen, die uns nicht für schwere nutzlose Geistesarbeit freistellen, sind nutzlos.

Freiheit ist nur noch Wahlfreiheit zwischen Konsumgütern, doch die Mehrheit will mehr Zeit für ihre Familien und nicht für „ihre" Firmen. Der allgemeingültige kategorische Sozialimperativ laute: Sei so frei und gönne dir nicht mehr, als *jedermann* auf Erden füglich beanspruchen dürfte! (Kein PKW für jeden Haushalt der Welt z.B.!) Und entwickle endlich Bedürfnisse, die nicht mehr zu befriedigen sind durch Roboten für einen „ökologischen Umbau" der Industriegesellschaft, denn „Nachhaltigkeit" hieße nur Elektronik der nächsten Generation, wieder nur ein profitables Projekt neuer Technologien. Das wäre lediglich dasselbe in Grün, ein endloses Malochen für den *schadstoffärmeren* Technologieschub der Zukunft – ad infinitum. Paul Watzlawick hat den modernen Fortschritt recht gut beschrieben : Immermehr vom Immergleichen.

Der Zeitgenosse ist ja nicht zu gierig, seine Gier ist eher zu anspruchslos und zu bescheiden. Er gibt sich klaglos zufrieden mit mehr *umweltfreundlichem* Geld aus *erneuerbaren Energien*, mit einem *nachhaltigen* Arbeitsplatz an der Sonne. Wenn der Ruf nach gleichem Lohn für alle eine närrische Utopie sein soll, wie wäre es dann mit dem revolutionären Ruf nach einer menschenwürdig dotierten Fünf-stundenarbeitswoche für alle?

Muss man erst ganze Weltkriege verlieren, um *Lastenausgleichsgesetze* zu erlassen? Wer mehr arbeiten will, als er für das Leben braucht, sollte sich lieber ganze Kulturen als größere Reichtümer erarbeiten. Wie einst der Adel von den Bauern lebte, könnte einst jeder kleine Scheißer von den Maschinen leben, wenn die großbürgerliche *leisure class* nicht vom Hof- und Schwertadel zum quirligen Stumpfsinn von Managern degeneriert wäre, statt sich etwa zum Geistesadel eines Larochefoucauld zu verfeinern.

Die Firmenkultur einer so modernen Sklavenhalterklasse lädt ja nicht zur proletarischen Demokratisierung ein, nicht einmal zur „Enteignung", denn wer wollte sich mit diesem gefährlichen Ballast von Konzernen belasten? *Vergesellschaftung der Produktionsmittel* durch Betriebsangehörige wäre heute nicht viel mehr als eine Selbstverwaltung von Zuchthausinsassen.

Technik heißt nun : Der Arbeitslohn steigt schneller, als die Arbeitszeit fällt. Man bekommt schneller mehr Gehalt als mehr Freizeit – bestenfalls. Bei halbem Arbeitstag pro Woche bliebe natürlich kaum ein abschöpfbarer und abjagbarer *Mehrwert* übrig für die Enteigner, Unterdrücker und

Ausbeuter, aber Investitionen in teure Automaten für billige Massenartikel blieben immer noch rentabel genug.

Dem Adel das Beste, dem Pöbel die Reste? Niemand sollte über Kapitalismus reden dürfen, der nicht über Industrialismus reden will.

Wer am Konkurrenzkampf um Reichtümer nicht teilnehmen mag, sollte keinen Existenzkampf gegens Verhungern führen müssen. Die Industrialisierung ist die Opfer nicht wert, die sie kostete, kostet und noch kosten wird, aber wenn sie schon nicht mehr rückgängig zu machen ist, sollte sie nun nicht Übersättigung durch Überarbeitung bedeuten, sondern gleichbezahlte Arbeitslosigkeit aller. Bis heute muss man zu viel Geld verdienen, um nicht zu wenig zu verdienen.

Man will heute in Bildung viel mehr investieren, aber nur in Bildung, die nach mehr Profit ruft und nicht nach mehr Muße für jeden. Die Höheren Bildungsanstalten des Landes sind jetzt überfüllt mit proletarisierungsbedrohten Mittelstandskindern, die begabtere Arbeiterkinder verdrängt halten. Eine Demokratie jedoch, die „bildungsferne Bevölkerungsteile" unterfördert, ist eine von Expertokraten wissenschaftlich abgesegnete Elitendiktatur. Der Klassenkampf ist hier keiner „Sozialpartnerschaft" gewichen, er wird nur noch rücksichtslos von oben geführt, in Verteilungskämpfen um Zugangschancen zu nationalen Fleischtöpfen. Bert Brechts „Fragen eines lesenden Arbeiters" wären Fragen des *animal rationale*, des denkenden Arbeitstiers, nach Bildung, die nicht nur Ausbildung am Fließband für das Fließband wäre, sondern für erfülltere Emanzipation von jeder Fabrik. Die „Volksschulen" mutierten zu Volksverdummungsanstalten durch Popkultur von oben, und unsere Kirchen sind leider längst keine *Volkshochschulen* mehr.

Der Ausweg aus der Industriegesellschaft in eine Dienstleistungsgesellschaft schafft wieder bloße Diener, die Maschinen und deren Besitzer bedienen und eben nicht bedient sind. Höhere „*Lebensqualität*"? Viel höhere Freizeitquantität fehlt.

„Die industrielle Tendenz hat uns aus dem Feudalismus befreit, und die ideelle Tendenz wird sich aus der industriellen allmählich entfalten."
(Mediziner *Ernst von Feuchtersleben*, 1850)

Es wäre machbar, wenn nur eine demokratische Mehrheit mehr Freizeit im Überfluß als mehr Kaufkraft für Überflüssiges wünschen würde. Der Sachverstand hat längst Computermodelle durchgerechnet, wie eine allgemeine Freizeitmaximierung sich auf die übrigen Wirtschaftsparameter auswirken würde beim derzeitigen Arbeitsproduktivitätsstand. Dieser Ansatz, der der Arbeitszeitminimierung für alle die Priorität einräumt, hätte den Vorzug, weder für privatwirtschaftliche Preisgestaltung noch für sozialistische Verstaatlichung einseitig plädieren zu müssen.

(Ein „bedingungsloses Grundeinkommen" auch für alle arbeitsfähigen Rechtssubjekte wäre zu ungerecht gegenüber den Werktätigen, weil es nur einer Frühverrentung von Parasiten gleichkäme.) Also entweder Beschränkung der Arbeitszeit und der Kaufkraft auf *vernünftige* Bedürfnisse oder nur Reduktion der Freizeit auf manipulierte Bedürfnisse nach Arbeitskraftreproduktion?

Man könnte erwidern, daß auch Gewerkschaften kürzere Wochenarbeitszeiten fordern – aber nur zu Zeiten geringer Arbeitskraftnachfrage. Sobald das Arbeitskraftangebot fällt, werden Gewerkschaften wieder flexibel weich und willfahren den Marktchancen. Sie sind unsichere Verbündete selbst kleiner Schritte zu allen radikalen Lösungen mit ausreichendem Erlös. Sie wollen im Zweifelsfall lieber weniger Arbeitslosigkeit als mehr Freizeit für jeden. Die gewerkschaftlich angepeilte moderate

„Dreißigstundenwoche" will nur verknappte Arbeitsplätze auf mehr Arbeitslose verteilen; sobald wieder mehr Arbeitsplätze entstehen als Arbeitskräfte verfügbar sind, wird die Arbeitszeit – ob mit oder ohne Lohnausgleich – dann kampflos wieder erhöht. Auch Halbtagsjobs für alle wären da nur eine halbe Sache. Solange Gewerkschaften den Unternehmern freiwillige Lohnverzichte und un(ter)bezahlte Überstunden anbieten, um Arbeitsplätze zu retten, haben sie schon abgedankt. Maschinen, die uns die Sklavenarbeit nicht endlich abnehmen, sondern mit Luxusschrott und „Abwrackprämien" nur vergüten, können uns gestohlen bleiben. Ein „geplanter Verschleiß" der produzierten Waren tut sein Übriges.

Intellektuelle Arbeit kann nur ein Umdenken über die industrielle Arbeit anregen. Die Mehrheitsbeschaffer für solche Ideen sind nicht mehr die Intellektuellen, die Initialzünder und Spurenelemente sozialer Stoffwechselprozesse, sondern die Medien, der „Wesenskern der Gesellschaft" *(T. Adorno)*. Der Rest ist eine bloße Organisationstechnik von Experten, wenn die Zielvorgaben und Rahmenbedingungen erst demokratisch legitimiert wären. Es wäre gar nicht sehr schwer, wenn sich nur genügend viele Menschen fänden, die es wollen. Bis dahin bleibt es eine Sache von Enklaven und Inklusen.

„Heute ist der gesellschaftliche Reichtum so groß, dass bei einer vernünftigen und wirklich auf die Interessen aller gerichteten Organisation der Produktionskräfte die Überwindung der Armut in der Welt in wenigen Jahren möglich wäre … Niemand leugnet, selbst die konservativen bürgerlichen Ökonomen nicht, dass in den entwickelten Industrieländern heute die Arbeitszeit entscheidend reduziert werden könnte, ohne dass das kulturelle und materielle Lebensniveau sich verschlechtern müßte." („Gespräche mit Herbert Marcuse", Frankfurt/Main 1996, S. 98)

Tiny theory. Sind Verschwiegene so verrückt zu verraten, dass Totschweigen verrückt mache?

Aufklärung ist Banalität für die Aufklärer und böser Widersinn für den Rest, also unmöglich.

Wenn Hegel sich widerspricht, widerspricht er nicht den Selbstwidersprüchen dessen, worüber er spricht.

Weiterführendes vom Autor

„Martin Heidegger –
Versuch einer Psychoanalyse seines *Seyns*", 1993

„Die Irren sind auch nicht mehr die einzig Normalen"
(Erzählungen), 1997

„Auch der Eskimo klebt an seiner Eisscholle"
(Geschichten und Virtuosenstücke), 1998

„Am schnellsten vermehrt sich die Unfruchtbarkeit –
Essays zur Multi-Kulturlosigkeit"
(Rückblick auf das 21. Jahrhundert), 1998

„Dein Leben hat Sinn – für deine Ausbeuter",
Ein aphoristisches Gesellschaftssystem, 2016

„Objektivität durch Subjektivität oder umgekehrt? –
Phänomenologischer Entwurf
einer dekonstruierten Erkenntnistheorie", 1999

„Nur in der Fremde fühle ich Fernweh"
(Idyllischer Roman), 2000

„Künste und Wissenschaften als verlorene Paradiese –
Essays zur Bedeutung der Kultur-Idyllen", 2000

„Der Mensch ist, was er verg-isst /
Kosmostheorie oder Gemeinschaftspraxis", 2007

„Philosophische Formelsammlung :
*Ambivalente Gedankenexperimente und nachsokratische
Fragmente",* Verlag Königshausen & Neumann, 2012

„Gedankenlesen : Hirnforschung ohne Computertomo-
graphen – *Philosophie zwischen Wissenschaft, Kunst und
Religion",* DWV Deutscher Wissenschafts-Verlag, 2013

„Die Liebhaber der Sophie –
Philosophiegeschichte in Philosophengeschichten", 2013

„Aphorismen zur Zeitaltersweisheit –
Kopfverdreher, Kopfzerbrecher", 2014

„Ist *Philosophical Correctness* eine Kommunikations-
wissenschaft? *Versuch über moderne Versuchungen*",
2015

„Die längste Leine trägt die Freiheit –
Faule Zaubersprüche", 2015

„Quanten, Quarks und Strings im Kopf –
Eintausend neue Aphorismen", 2015

„Die meisten Aufrechten sind unter Gefallenen /
Dumme Sprüche, alte Spiele", 2015

„An sein Innerstes erinnert sich keiner –
Nicht ganz dichte Gedichte", 2015

„Zur Tiefenpsychologie der Philosophiegeschichte : *Kurze
Geschichte der unbewussten Weltanschauungen*", 2015

„Mann und Frau befreien sich – voneinander /
Geschlechterkrieg oder Klassenkampf?", 2015

„Zur Dialektik und Phänomenologie
der Natur- und Kultur-Idyllen", 2015

„Wer gut abschneidet, kastriert –
Zurück zur frühromantischen Magie?", 2015

„Fertig machen dich deine Fertigkeiten –
Aphoristische Idyllen", 2017

„Esprit und Geisteswissenschaften – *Wechselwirkungen
zwischen Kunst, Philosophie und Psychologie*", 2016

„Fürchte den, der dich fürchtet – Hundert Jahre DADA", *Zwergrätsel zu Spottpreisungen*, 2016

„Mit einem Satz ins Freie – *Reflexionen, Urteile und Sentenzen*", 2. überarbeitete Auflage, 2016

„Kurz und klein – klein, aber fein", *Aphorismen,* 2016

„Gewinner heißen Spielverderber", *Aphorismen*", 2016

„Sei zu klein, um zu herrschen, und zu groß, um beherrscht zu werden – *Dogmatische Aphorismen*", 2016

„Schlafmützen nennen uns Träumer – *Lumpenproletarische Sprüche*", 2017

„Zwergrätsel, Satiren und Zwickmühlen – Auswahl von Aphorismen", 2017

„Philosophische Überlegungen in psychologischen Auslegungen – *Bauchgedanken und Kopfgefühle :* Wenn die Seele auf den Geist geht", 2017

„Verteidigung des Elfenbeinturms – *Große Sprüche, wieder nur Widerspruch*", 2017